大展好書　好書大展
品嘗好書　冠群可期

大展好書　好書大展
品嘗好書　冠群可期

心靈雅集 1

松濤弘道 著／陳蒼杰 譯

禪言佛語看人生

大展出版社有限公司

序文——從「失敗」與「挫折」中蘊育智慧

曾有個年輕人來找我，他如是傾訴：

「老師，我覺得每天活著無聊極了。一天接著一天都很忙碌，好像被工作追趕著，一下子就過去了。有時想起現在這段時光，在自己一生中所扮演的角色，不難確定它必然是屬於最快樂、充實的一段日子，可是，我每天都毫無樂趣可言，總覺得太空虛了。想來這樣下去終究不是辦法。相反的，看到別人所作所為都顯得堂堂皇皇，看來非常快樂，內心更是沮喪極了。」

說實話，聽了這段話，我內心並沒有什麼好方法。可以替自己或替他解除煩惱與不安，假如我回答：「不只是你有那樣的煩惱與不安，凡是人，一生當中難免會遇上這種問題，每個人都會有相似的想法。」這個答覆不但不算是答覆，甚至不能安慰對方。然而，我也不可就此退怯，不完成自己的任務。

本書即與讀者一起思考，因為我們在不同的情況與不同的機會中，自然會遇到很多人，在這樣的邂逅中，自然會有一種克服難關的軌跡。

※　※　※

生活中我們必然經常面對這樣不是、那樣不對的失敗，在一生中不斷遭遇挫折，反覆嘗試錯誤之後，堆積起令自己動彈不得的經驗。這時，可能就會有令你突然高叫「就是了」，而跳起來的瞬間。

此一瞬間，可能就是你要踢開長時間所追求的光明大道的瞬間，也是你和自身邂逅的瞬間，或自我發現的一瞬間。

對那些自滿而毫無反省心的人而言，這一瞬間絕不會來臨，反而是不斷失敗、挫折、受傷或長久時間忍耐的人，才可能遭遇這令人感動的一剎那。這時你會發現，原來空虛的人生、惹人厭的人生、傻裏傻氣的人生等等，大凡一生中必須付出的一切。都是為了這一瞬間的邂逅，也是為了發現這一瞬間而存在。

釋迦牟尼佛曾告訴祂的弟子：「人生只在一呼吸之間。」的確，我們的人生可說都環繞在這一瞬間中。

如此，根本沒有什麼好畏懼的，失敗與挫折乃是鍛鍊自己的最佳途徑，如此才有新自我的誕生，也才會經常有重生的瞬間。

須知，幸福絕不是長生不老，也不是感官的滿足，唯生於斯長於斯而能有效使自己更有意義地活下去，才是真正的幸福。

我想，當一個人能邂逅真正的自我，並以最大限活用自我，完全燃燒自己所有的能量時，所謂的空虛感必定會消失得無影無蹤。

名譽、財產、權力等，無論你如何在這個世界上排擠他人而奪得，也只不過是暫時借來而已。與其為這些空泛的事物耿耿於懷，不如步步為營，充分體會人生並適時邂逅自己，進而邁開大步，走向未來的光明大道。

而且，這第一步應該由「失敗」開始，此乃我們應有的自覺與勇氣。

本書是筆者有空時一小部分一小部分寫下來的，目的在於使自己擁有真正的自我，也為了完成自己的任務，它同時也是個人所見所聞的總匯。我從佛教名言中選出一些可以作為吾人的生活指針，並賦予現代式的詮釋，但願這一切在讀者遭受失敗或挫折時，能具有一些支撐力。

由於本書各節並無特別順序，故無論由何處開始閱讀均可。在解釋時，筆者引用了很多參考文獻，但並沒有逐一列舉來源典故，在此特別附帶聲明。

目 錄

第二章 要有勇氣向人生挑戰

——人必須有「阿留邊幾夜宇和」七字（明惠）

第三章　精神上的困擾

——怨親均利，自他同利（道元）

第四章 工作的幹勁

——勿視容顏，勿嫌其非（道元）

第五章 克服逆境的智慧

——留著不盡的意志，鬼神亦不得損我（洪自誠）

第六章 無迷惘的人生

——要越過一丈寬的水溝，需自勉能越過一丈五（法然）

第一章　追求幸福的途徑

——一失足成千古恨（蓮如）

1 為何而活

翻身要到劫空前，步步須行鳥道玄。

大智禪師・偈頌

如果你的子女或他人問你：「你為何而活？」你將如何回答？

為了汽車、洋房，為了頭銜、地位和權力嗎？還是為了養兒育女和本身所需，認為為了生活，非努力賺錢不可，所以每天辛苦工作，等到告一段落時，人生已到盡頭。然而這些只是人的生活方式而已，並不是生活的目的，因為即使這些條件都俱備了。你並不一定得到滿足。如果你覺得滿足而草草結束一生，那麼，你只是虛度光陰而已，不算活過完整的人生。

雖然功成名就、渡過一生是一種理想。但如果理想中年老後的幸福只是毫無煩憂，享受美味的食物，在子孫的奉養下，平日只拔拔草，整理花園而已，這等於是為了自己的利益，無謂地渡過歲月。百年之後只成為一堆塵土，這和他盛年時代的所作所為，在本質上並沒有什麼不同，只不過錯以為一天渡過一天是充實罷了。

所謂：「別人的批評，無法決定自己的價值。」生前為自己或為親人努力工作，留下大批遺產，如果沒有好好為別人或為社會服務，人們對於他的死，絕不會惋惜。我們活在這世界的證明，並不是以日子計算，端視有沒有留給社會良好的精神遺產。當然並不是要你刻意做表面工夫，暗地裏默默影響也一樣，雖然暫時沒有獲得他人的共識。但遲早會以某種形式得到回報的。

有位哲學家曾說：

「現在的文化相當特殊，簡單地說，人們已經喪失生活的根本意識，只為生活的手段，奔波勞瘁，困擾不已。當此之時，大家何不拋開眼前的利益，回到人類生活的基準點，再從這點去重估一切。無論如何，這對大家都是有必要的。」

其意是，人應該要反省自己：「到底為何而活？」或「自己本來的真面目是什麼？」如果把自己關在小小象牙塔裏，當然體會不到自己範疇以外可能得到的樂趣，也絕對得不到真正的幸福。

人們必須奉獻自己，為包含自己的全體社會服務，才能恢復自己原來的面目，而且朝著這個目標努力邁進，才能得到生活的喜悅和幸福。

2 經常保持「今天是最後一天」的想法

****
生死事大，無常迅速，時不待人
道元・寶慶記
****

據說災禍總在你忘了它之時來臨。在我們的生活中，常會發生做夢都沒有想到的大災禍，一旦降臨，再怎麼彌補也無濟於事。

例如，幾年前，我從美國波士頓回到紐約，在巨無霸飛機上，突然遭遇雷擊事件，一瞬間機內燈光全滅，到處充滿燒焦的味道，這時，以為我已經完蛋了。

當此之時，再怎麼掙扎也沒有用，我只能心想生死由命，默默祈禱而已。所以若說我們的日子是籠罩在「伸手不見五指」的黑暗中，並不為過。

平時我們坐火車、汽車時，總以為「我才不會那麼倒楣遭遇車禍！」可是我們都不曉得，什麼時侯會遭遇災禍。而且災禍總在我們不明究裏的情況下降臨。

也許你會認為：「如果介意這種事，那麼，我們一天都無法快樂地渡過。」我認為不論遭遇任何事故，只要感謝能活到此刻而從容置身其中，我們就可以安心地過日子了。

如果我們的生命只剩下今天，那麼，你會如何生活呢？在這種情況下，也許人人會想，為了告別人世，自己必須要做的事，說想說的話，只有做完說完後死去，才不會含恨而終。

不論情願與否，站在這種生死交界上的人，我們可以舉出許多，如得癌症等絕症末期的病患，或是死刑犯，這些人的精神生活與眾不同，一定非常緊湊，而散發多活一刻也好，那種強烈貪求的力量。這時和過去一連串單調的生活截然不同，似乎無論看到什麼，聽到什麼，都能鮮明地刻入心中。

例如，作家高見順晚年受癌症侵蝕，最後知道自己的日子所剩無多時說：

「就像雙手淘起的沙粒，從消瘦的手指間快速洩下一般，時間沙沙地溜走，而他們是多麼地寶貴和短暫。」

所以，我們如果有「今天是最後一天」的心情，不知每天的日子將過得多麼充實而有意義。

3 日新又新

＊＊＊＊

一次的改變就是一段的改變。一次的用心成為一段的用心。

蓮如・御一代記聞書

＊＊＊＊

我們每天平凡無奇的生活，就像騎單車的情況一樣。一旦騎上車，就必須不停地踩，如果停止，單車會倒下，而且不易再站起來。也許我們自以為並沒有在踩單車，其實，在我們體內的呼吸器官或細胞，無時無刻在活動，所以才能活下去。

可是如果每天都做同樣的工作，不論在辦公室或家裏，就容易形成機械化，興趣也將逐漸淡化，再加上人天生的惰性，很容易提不起勁來。在這種情況下，愈來愈覺得無聊和煩憂，而想找出氣筒，如果找不到，就向人訴苦或埋怨，甚至遇人就發脾氣。

如此一來，本來平凡無奇的生活，就等於不再踩單車，或忘了轉彎，身心兩者都出了差錯，加上人際關係惡化，工作上的不順利等惡性循環之下，只有加速自己的崩潰，就好像一池停滯的水長出蛆蟲一般，如果不繼續再踩單車，我們只有後退。所以，我們在陷入僵局之後，更應該挺起胸膛深呼吸，要有日新又新的氣概。

世阿彌在《花鏡》中說過：「是非年年，老後不忘初心。」無論是誰，我們一概以初次見面的心情去相處，心裏自然湧上和過去截然不同的興趣，而沒有過分熱絡或刻板化的情形發生，甚至還會牢牢地被對方吸引。

如果流連於安定中，不斷地放心下去，不知不覺中會被「安定」背叛，等你發覺時，往往為時已晚，無法挽救了。

能夠回憶過去痛苦或快樂時光的人很幸福，相反的，一開始就過著優越的生活，沒有靠自己的力量排除困難，而且沒有痛苦或甜蜜的事值得回憶，這種人是很不幸的。

《卡拉馬助夫兄弟》的作者杜斯妥也夫斯基說過：

「沒有一件事比小時在父母身邊渡過的回憶，對人生更寶貴、更有助益。」

只要那些回憶之一留在我們心裏的一角，那些回憶就會提醒我們的良心，並勉勵說：「你要奮發振作。」

4 拘泥於過去就會影響未來

＊＊＊＊

去者不追，來者不念。及時把握現在。

一夜賢者經

＊＊＊＊

常聽到有些人說：

「我家上一代對××家人很照顧。」或是

「曾經為他們還債！」

像這樣把過去的事，得意洋洋地向人炫耀，意思是說：

「所以，那家子弟和子孫應當知恩圖報。」或是

「那家人不知圖報，還一副處之泰然，若無其事的樣子，真氣人！」而不斷地向人訴苦埋怨。

在這種世風日下，人心不古的環境裏，我們並不是無法體會他們心中的不滿，可是口口聲聲有恩於他，而期望對方知恩圖報，也就是報上一代之恩，這是否恰當呢？

事實上他們並不是自己得到別人的恩惠，如今不明不白背負這個報恩的責任，而且經常背地有人批評和指責，那麼他們又何堪呢？

一再把過去恩德推給別人的人，如果說他本身也好好照顧別人，這又未必盡然，大都只是借著先人的德威，沈睡在過去榮耀的美夢中，日子過得很糟糕。期望別人為自己做什麼，不如多為別人效勞，這樣的生活要有意義得多。一味地拘泥過去。也許破壞了將來的生活。

《韓非子・外儲說左上》說：「以利之為心，則越人易和；以害之為心，則父子離且怨。」其意是——

真心使別人得到利益，即使素不相識的人也容易和睦相處，存心使人得到害處，即使父子之間也會彼此背離，而且互相埋怨。

5 睜一眼、閉一眼可使你的人生更美好

＊＊＊＊

汝若必要欲知，但莫思量一切善惡，自然得入清淨心體。

慧能．語錄

＊＊＊＊

我接觸過許多人，發現人可以分成兩大類，一類是，遇到小錯誤也不能得過且過，必須得失分明，一點也不得馬虎。另一類人不拘泥細節，個性落落大方。顯然兩者是極端。如果這兩種人生活或工作在一起，會因為性格不同而格格不入，而且會互相誤會或對對方有偏見。

以我個人而言，幾乎是屬於不拘泥細節之一類，我不是完全主義者，也不會和別人計較，反正人世間的一切都是不完全的，於是我為自己辨白，既然如此，何必一一計較，在適當之處我就妥協，或贊成對方的主張。

結果那些規規矩矩的人看不慣我的作風，說我毫無主見。可是相反的，一個較隨和的人，也同樣討厭那些刻板的人，不是嗎？

我也不太懂這種油水不容、個性不同的人，到底孰好孰壞？也許像我這種不拘

泥小節的人，必須多計較，提出自己意見較好，可是無論我如何努力，很快又會恢復原狀，可說是江山易改、本性難移。再者我本身並不覺得自己的個性十分糟，反而我盼望那些凡事計較的人，能夠稍微大方些。

所謂大方，並不是指凡事糊里糊塗，不懂分寸，而是我們活在世上，只要不錯過真正重要的關鍵，那麼，無關緊要的細節，就不必一一介意。

日本經營之神松下幸之助曾說：

「如果我們生活在窄小的地方，血液循環不好，腳也容易酸痛，身體會僵硬，動作也不靈活。雖然人不能不懂禮節，但如此刻板、缺乏通融性更不好。我們必須有充分延伸及自由自在的姿勢，任何情況下都有通融的餘地。雖然身體侷限在窄小之處要不得，但心思不自由、不舒暢更糟糕，因為如此一來，心思遲鈍，不會想出好的構想。」

所謂重要的事，並不是對他人的言行怒目而視，或閉上雙眼、視若無睹，而是閉上一隻眼，適可而止，表現出落落大方的態度。

6 自己的路自己開拓

隨處作主，立處皆真。

臨濟．臨濟錄

當你問朋友：「是A好？還是B好？」時，他就回答：「不曉得！」先保留自己的態度。當你看不慣他那憂柔寡斷的個性而說：「好吧？那我替你選A！」他卻說：「其實我不喜歡A！」還埋怨為他做選擇的人，一味地逃避責任。

遇到這種人，我們總是被搞得一頭霧水，而且有吃力不討好的感覺，所以，對這種人最好敬鬼神而遠之。

另外，這種人也得不到別人的信賴，而且令人討厭。自己不做判斷而由別人替他選擇，等別人提出意見而不合他的心意時，卻又歸咎對方，這種不負責的人，誰會喜歡他？

這種人可說是無論面對任何事，都避免成為當事人，自己在當時當地都是不存在的，至於他真正的自己，總是輕輕地挪在一邊。任何時候，他都留下改變立場及改變想法的餘地，並且毫無自己的主張，或者是裝作事不關己。

一位朋友最近撮合一對超過適婚年齡的男女，並且使他們言及婚嫁。

「他們告訴我說要結婚了！希望我當媒人，所以我滿口答應，還替他們籌備婚禮。自以為撮合一對有情人而沾沾自喜，沒想到不到一個月，他們又來找我，決定要離婚。分明是他二人同意之後才結婚的，結果竟然說是我極力遊說，他們才不得不結婚，還把我數落一頓，這輩子我再也不做撮合之事。」

恩將仇報、不識好歹的人何其多？

的確自己下決定需要相當的勇氣，同時也要負起責任。美國的經濟學者彼德杜拉克說過：

「下決定時需要判斷力，同時也需要相同程度的勇氣。藥並不一定是苦的，但良藥大多數是苦的。下決定並不一定使人不愉快，但大多數有效的決定令人不太愉快。」

如果不必自己負責下決定，輕鬆自在，那是再好不過了。可是這種人無論做任何事都無法拓展自己要走的路，到最後也一定落人後塵。

7 達到顛峰時就是崩潰的開始

＊＊＊＊

我將成為日本的支柱，我將成為日本的眼睛，我將成為日本的大船，種種信誓都將實現。

日蓮・開目抄

＊＊＊＊

日本經濟的急速成長令人瞠目直視。甚至連世界上偏僻的地方也有日本製的汽車、電晶體收音機、錄音機、手錶、相機等。過去一度被認為是品質惡劣的代名詞，如今卻成為價格低廉、品質良好，而且受世界各地歡迎的產品。這些產品大都已超過美國和西德的製品，按自由貿易的原則，不斷暢銷是預料中的事。

然而，各國為了自己的利益，開始實施保護貿易措施而杯葛日本產品。日本也採取出口自我限制政策，儘量緩和貿易的摩擦。又為了減少貿易順差，甚至首相都破例發出通告，勸大家買舶來品。至於效果如何?卻值得懷疑。

另一方面，國內的產業界也發生變革，因為過疏或過密，所以不斷進行合併運動。結果使大企業過多，又沒有投資目標而顯得不知所措。至於中小企業則不斷舉債。相繼倒閉。一般國民夾在這兩極端中，開始對將來失望，並且自暴自棄，一味地享受生活，結果是如何呢？

放眼看世界歷史，以古代繁榮一時的希臘和羅馬帝國為例，現在歐美各國，陶醉在權力、財富、快樂和罪惡的榮幸裏，將漸漸使他們步步走向崩潰。羅馬帝國末期的聖人希羅尼魯斯在帝國滅亡的一世紀前，就已經預料它的末路而發出警告說：

「羅馬帝國即將滅亡。我們應該低頭反省，沒想到大家卻驕傲地抬起頭。」

「我們現在一味地追求財富，貪得無厭，因此命裏註定，也許明天就死了。在這種情況下，我們卻一無所知的不斷建設，好像能永遠活下去一樣。」

結果事實正如他所預料的，羅馬帝國很快就滅亡了。

有識之士眼見政黨惡鬥，導致人心腐敗墜落，發出警告說：「所有重要的事情中，沒有一件比亡國更重要。」他無法壓抑憂國之情，看不慣腐敗的人間百態，語重心長地告誡人們。

台灣要靠他緣和血緣的人情，結合成同族社會，或以利害關係結合成利益社會，社會的每一份子要為全體奉獻，為全體負責，國家才能維持下去。

8 全心全意使自己重生

決斷信受本心之妙法，不著水中之月，臨終一刹那，寂光傾到，拜本師釋迦尊，易如反掌。

日臨・臨終大事

當我們靠自己的力量無法如願時，往往求諸神佛，不斷祈禱，然而那時是否能如意地得到神佛的保佑？我認為我們平時就要面對嚴酷的現實，了解自己的無能，專心一意地祈禱，踏實地生活，才能得救。

有一則故事，一個老太婆平時常常唸經，大家都認為她的誠意最深。有一天發生地震，這位老太婆的房子倒塌，結果她被柱子壓死。

等她發現時，她已經來到地獄的閻羅王面前，不是極樂世界。

她問閻王說：

「我平日最有誠心，常唸佛經，為什麼被帶來這裏？」

這時閻羅王拿出一個竹簍，把老太婆以前所唸的佛經一一淘起。結果除了地震發生時所唸的那段佛經外，其他全被竹簍篩下去。

佛教詩人曾歌詠：

「全心全意將使世界改變，也使自己重生。如果沒有改變，那是沒有真心真意的最好證明。真心的愛戀，認真地工作，我們至少要一次做到，避免虛度此生。」

《黃檗傳心法要》說：「諸佛與一切眾生，唯是一心，更無別法，此心無始以來，不曾生不曾滅，不青不黃，無形無相，不屬有無，不計新舊，非長非短，非大非小，超過一切限量名言蹤跡對待。當體便是，動念即乖。猶如虛空無有邊際，不可測度。唯此一心即是佛。」

其意是，諸佛和一切眾生，只是此心，再也沒有其他的什麼了。此心從曠古以來，即不曾產生也不曾消失過，不是青色也不是黃色，沒有形狀沒有相貌，無所謂有，也無所謂無，無所謂新，也無所謂舊，既不是長的也不是短的，既不是大的也不是小的，超越於一切範圍數量、概念語言、蹤跡和對待。本身就是，動念就錯。好像虛空沒有邊際，不可測量。僅此一心就是佛。

9 不落因果、不昧因果

＊＊＊＊

信念佛之人，不論罹患什麼病，皆可宿業。

法然．和語燈錄

＊＊＊＊

有一位得肝病而被醫生宣告無救的婦女埋怨說：

「我從沒有做什麼壞事，為什麼只有我必須接受病痛的折磨？為什麼我要比別人先死？我實在不相信神佛。」

也許各位也有同樣的情形，受同樣的痛苦，而對神佛的信心產生疑問。

在這個世界上，許多無惡不做的人却長命百歲。一個天真無辜的幼兒，常在出生不久後一命嗚呼。你也許會想：「為什麼那麼有誠心的人會夭折？」大家都盼望好人長命百歲，但這個人生，不如意之事十之八九，壽命長短和有無誠心並不一定成正比，因為壽命和誠心沒有直接的關係。

身體上的痛苦或壽命不長，並不是遭受神佛的懲罰或不誠心所致。再者你的誠意再深，也不可能立刻消除痛苦，延長壽命。

重要的是，不論陷入那一種困境中，能不能坦率地接受，認為這是神佛之意。並且感謝現在能活得比以前更有意義，對於將來，只是虔誠地唸佛，不斷努力而已，如此一來，你就不會抱怨了。

還要注意的是法然禪師說過的，過去的一切無論好壞，都要達觀地認定那只是宿業而已，並沒有說以後的人生，也要達觀地認定那是宿業而放棄。過去發生的事，就像「覆水難收」一般，無論如何悲歎，也於事無補，有時反而使事態更嚴重而已。所以，與其不斷地拘泥於過去，不如乾脆放棄一切，認真地思考「將來我該怎麼辦？」並且全力以赴才是。

有人認為佛教就是一種宿命論，把人委身於命運的主宰。這是不對的，而是希望我們把生命中過去的事放棄，並且透過念經的方式，掙脫過去的羈絆，成為自由之身，而開拓將來的新命運之路。

在《無門關》的禪語錄中有「不落因果、不昧因果」的說法，其意是說，不要自我規定因果的道理，應該闡明因果的道理才是為人之道。沒有一個人比受命運主宰、受命運束縛的人更悲慘。

10 痛苦時要忍耐

＊＊＊＊

忍耐即菩提正因，阿耨多羅三藐三菩提即忍果。

優婆塞戒經

＊＊＊＊

美國經常在討論醫生對病患要有人情味的問題。根據『華盛頓郵報』的最新報導，據說病患害怕醫生對他的態度不好，於是去看醫生時，即使病還沒好。也會說：「謝謝你，我好多了！」一味地迎合醫生，忍著病痛，還面露微笑，等醫生走後，患病部位又發作，結果只好孤獨地忍受痛苦。

的確，站在醫生的立場而言。他要診斷及治療眾多病人，平時總是疲憊不堪，無法一一充滿愛心地接觸病患，可是即使如此，醫生也不該沒有任何理由就拒絕病患的請求，到出事了才說，已經來不及了！把責任推卸給病人。

有時我們會覺得不知該把自己的痛苦或悲傷向何人訴苦，有些病人受人虐待，自怨自艾而無棲身之地。身體上有痛苦，醫生不知道，也沒有人安慰，這是多麼可憐。其中如果有人求神佛而獲救，他應該是幸福的。藉著唱歌、哭泣、工作，就能發洩自己苦悶情緒的人很幸福，可是如這麼做還是得不到滿足，該怎麼辦呢？

天有不測風雲，人有旦夕禍福，我們會遭遇近親死亡、破產、失業、離婚等等，也許一輩子才遭遇一次的事件。在這種情況下，我們會對人生感到絕望，甚至失去活下去的希望和意願。

如果自己遭遇這種事，如何處理呢？關於這點，並沒有一定的解決方法或處方，但遇到這種情況，絕不要迷失自己，有時只要仔細地正視自己，冷靜地分析事件的原因，也許你會找到解決方法。即使找不出解決之道，至少也能培養出應付難題的態度和自信。也許這種痛苦實在難以忍耐。可是無論如何，你都要忍耐下去，這是最重要的。

人生必定有風波，不可能一直沈寂在水中，總有浮起的時候，雖然很痛苦，但一定要忍耐，耐心等待轉機來臨。

痛苦時要熬得住痛苦，當然，快樂時也要盡情快樂，能做到這點，才能自由地闊步於超過苦樂的世界。無法體會此妙境，只在周遭徘徊或猶豫的人，無論何時都無法真正得救。

11 調息健身以培養氣質

＊＊＊＊

洪洪又洪洪。洪洪又洪洪，洪洪之月。

明惠．明惠上人和歌集

＊＊＊＊

人們總是為了繁瑣的人際關係而使自己憔悴不堪。每個人與生俱來的勇氣已經喪失殆盡。雖然輕聲細語的談話態度使人感到有氣質，但這一定是本身俱有這種氣質才會令人感到優雅高尚。自古以來，聲音裝得很柔順，態度裝得和善的人，絕不會得到對方的好感。同樣的，表面有禮貌，可是心懷鬼胎或口是心非的人，都使人不敢領教。不坦率地表達自己的心思或想法（當然愚直、不經思考而喜怒無常的人也要不得），只做表面功夫暗地裡陰險毒辣，專門害人利己的人最可惡。

現在的年輕人也很會迎合對方心理，無論談話或動作，都故意裝得很瀟灑，這種作風，不外乎是隱藏自己、欺騙對方而已。再者國人年紀一大，很快地毛病叢生，到底是本身體質所致還是社會環境造成，無法一概而言。或許是因虛有其表，元氣不足。

「氣」是中國故有的理念。如《莊子》的「知北遊」二十二就說：「人之生為氣之聚，氣散則死！」我們常說：「神清氣爽！」「氣色不好！」「氣上心頭」等等。「氣」本來就是支配我們生活的作用和活力。如果「氣」足，人就有活力，而「氣」消，人就顯得死氣沈沈。

那麼，我們如何才能產生「氣」呢？

葛洪的《抱朴子》說：「夫人在氣中，氣在人中。由天地至萬物，無不須氣以生者。善行氣者，內可養身，外可却惡。」可見「善行氣」才能表現活力。

根據老子的說法：「行氣」就是鍊形，調息呼吸，鍛鍊身體。做不到的人，就氣衰而失去氣力。

那麼，為了使元氣充足，充滿幹勁，應該調整呼吸，發出宏音。看來，東方人鍛鍊身體的方法是非常有用的。

據說在劍術比賽時，最容易使出招勢的時刻是對方吸氣時，相反的，對方呼氣時，往往使不出招勢。另外，腹式呼吸也是健康法之一，呼出的氣又強又深，自然能夠吸入新鮮的空氣。平時保持穩定，並調整呼吸，身體自然而然就會健康。

12 培養專心一意的耐性

****
古人皆忍苦耐寒，憂愁中修行。
道元・正法眼藏隨聞記
****

在老外的眼裏，東方人似乎顯得較虛弱，除了少部份外，東方人大部分個子矮小，而且駝背的人也多。有些身材矮小的人，經常會挺身擺架勢，裝模作樣，其實那是自卑感作祟。

另外，最近的人好像都不太愛走路，連阿貓阿狗都坐車，就因為這樣，所以人的腰腿愈來愈虛弱，各種疾病隨之而來。

據說長生的秘訣是使腰腿強壯，調整腸胃，果真如此。那麼人不活動筋骨，等於縮短生命，自掘墓穴。所以，如果要長命百歲，就應該鍛鍊強健的身體，培養更多的體力。尤其是知識份子中，多的是面色蒼白，弱不禁風的例子，如此一來，那能當群眾的領導者、為人表率？

據說外國人常走路。老外走兩、三公里路，毫不在乎。相反的，由於國人只重視效率，不懂得好好鍛鍊自己的身體。國人跑馬拉松或耐力賽時最差勁。是否天生體力不夠或缺乏毅力所致，不得一概而言，可是最近能夠專心、耐心從事一件事的人的確很少。

氣候的變化無常，人們又生活在籠子般的環境裏，再加上對外界的好奇心，使每個人的心境不斷動搖，無法維持心境上的安寧，結果只能培養輕率性急和三心二意的下一代。法然上人看清了這些缺點，甚至他本人也承認自己有一顆脆弱的心，所以他告訴自己也告訴別人：「一心不亂，專心念佛。」闡揚專心的重要性。

這個論調的確很適合現代人。現代人大多數不重視過程，只重視結果，拋棄本身思考事物、辛苦創造的路途，只靠別人或借他人的東西，輕率敷衍，喜歡模仿別人。時代潮流也強迫現代人接受成品、仿照品以及速成品，結果忽略了人們親手創造的努力，向這些人強調耐心的重要也是徒然。

現代無論做什麼事，往往做到一半就拋棄工作，一點耐心都沒有，甚至把自己的失敗擱在一邊，一味抱怨的人何其多。這種人不但不值得信賴，而且他的命運註定會被自然所淘汰。

13 要以膜拜之心待人

✻✻✻✻

如果祈禱能治病養生，那麼就沒有人生病死了

法然．淨土宗略抄

✻✻✻✻

西歐人對信教很虔誠。就像有人在餐前餐後說「感謝老天賜給我們食物」或「謝謝你的款待」一樣，西歐人在餐前也會低頭祈禱。雖然風俗習慣不同，可是眼見一家人，在短暫時間內，一齊默禱，這畫面令旁人看來，同樣覺得舒暢。雖然現在是工商業社會，時間等於金錢，然而在用餐時都不能一家團聚嗎？

例如，父親總是在看報，太太忙碌不堪，孩子們邊看電視邊吃飯，這絕不是家庭美滿的情形。

雖然膜拜的方式各異，但每一宗教都有共同膜拜的方式，那就是合掌，如果你認為合掌膜拜太難為情或樣子難看，那麼在心裏合掌也可以。

現在印度人互相見面時，仍然合掌打招呼說：「你好！」在印度，自古以來就認為右手能通神佛之心，是乾淨的手，而左手是使用於人間百態的髒手，所以他們

相信，雙手合掌就能使自己骯髒的心道向神佛，遇到心地潔淨的人，進而使自己骯髒的心淨化。

互相合掌膜拜的人，應該獲得幸福而不會介入不幸之中。相反的，不斷揮拳動武的只會獲得不幸，你認為那一種生活較好呢？

如果你希望得到幸福，就應時常合掌膜拜，並以膜拜之心與人相處。

有一個廣播電台的記者，他曾訪問全國各地功成名就的人，採訪結果發現，他們每人的起居室一定有個莊嚴的佛堂。我想他們可能天天在佛堂前磕頭，並且有謙虛的心，所以才有今天的成就。

開頭的那句話是指，透過祈禱求得現實中的好處，這是人之常情，但要知道的是，祈禱真正的含意就是為了領悟招致痛苦的根本原因是什麼？

宋代龔昱《樂菴語錄》說：「大凡做事，只是適中便了；若有餘於此，則不足於彼。」

意即，凡是做事情，只要適當（不厚此薄彼）就行了；如果這方多餘，那方就不足。

14 「極樂淨土」就在你身邊

＊＊＊＊

極樂淨土唯有一處，勉力以赴，以近為遠，吾心多愚。

梁塵秘抄

＊＊＊＊

誰都盼望得到幸福，但得到幸福的條件是什麼？一般而言，要孩子身心健康成長，家人都和好，夫妻相愛。衣食住行不虞匱乏，有固定的收入，有份貢獻社會而忙碌的工作。除了物質上有保障外，還有精神上的依據，得以儲蓄豐富的精神糧食。本身擁有某種才能，並且認識有才能的人。休閒活動恰到好處。外貌姣好，心裏充滿理想和熱望，擁有冒險之心。對人生經常感到新鮮、刺激。能擁有這些條件的人才能獲得幸福。

即使這些條件都俱備了，果真對自己的生活和工作感到有意義嗎？是否有許多人不曉得自己為何工作，而過一天算一天地度日？你們賺了錢要做什麼呢？靠它防止飢餓，裝飾自己，或儲蓄下來以防萬一？

也許你們拼命工作，賺取金錢，生活的確舒適溫暖，但就此獲得幸福？找到生活的意義了嗎？這是值得懷疑的。真正覺得不虛此生而擁有生命的充實感，不可能只靠物質上的滿足就可以得到。在有生之年找到真正要做的工作，並努力完成它的人，很幸福。

「給我一份我能勝任而且喜歡的工作，我一定會在完成它之後再死。」不論從事那種職業，或者工作非常忙碌，只要找到自己真正想做的工作，並去完成它，即使再窮，你也會覺得快樂。

英國的社會評論家華特．巴斯保特說過：「人生最大的喜悅，莫過於去做別人認為你做不到的事。」換句話說，一個真正偉大的人，就是做些別人做不來的事。不要在實行之前，就自以為做不到，任何事都要有先試試看，只要放手去做，必定可從其中學到一些什麼。

我們經常心焦氣躁地去尋找幸福，可是愈尋找愈尋不到。只要努力完成自己該做的事，就像辛苦工作一天之後，不但帶給你一份安寧，也讓你感到充實，如此一來，不是得到幸福了嗎？如開頭的那句話，所謂「極樂淨土」的幸福境界，也許就在你身邊。

15「愚者之愚」和「知者之愚」的差異

****
不可假裝智者之智，應一味地念佛。
法然・一枚起請文
****

在這世上偽善者何其多。不做壞事，能為大眾服務的人並不多，可是這些人是否能真心或犧牲自己的生命為別人效勞呢？這值得懷疑。

亞里斯多德在他的《尼克馬克斯倫理學》中如此說：

「最惡的人，就是無論自己或對他親密的人。都以惡德對待。最好的人，就是自己的美德不只給自己，也施予別人。可是這很難做到的。」

人類最愛的是自己，這是恒久不變的真理。最好的例子就是佛經《南傳、相應部經典》中的一段故事。

印度科薩拉的巴基那地王有一天問他的愛妾說：「在這個世上，妳最愛的人是誰？」那愛妾想一想，老實地回答：「當然是我自己！」

國王有些出乎意外，於是同釋迦佛討教，釋迦佛告訴他：「大王！這世上的確沒有人比自己更可愛，每個人最愛的都是自己，所以大王你還是好好愛護自己吧！」

這種以自我為中心的本性，也許我們活著一天，就一天無法避免。當自己的本性和別人相衝突時，就會起爭端，甚至迸出火花來。

一些偽善者就是不肯坦白的表現自我而隱藏本性，經常擺出一副和藹可親的態度。可是本性總是本性，無論你如何偽裝，也改變不了你的真面目。而且你欺騙別人，同時也欺騙了自己。

英國的柯爾頓說過：「智者也具有愚者的愚蠢，可是還是有區別的。也就是說，愚者之愚是眾人皆知，而他本人卻不知道。另外智者之愚是，他本人非常清楚，可是在世上卻被掩飾。」

因此，愈聰明的人，愈會運用他的聰明為惡，而且一般人很難應付。另外，臉色裝得愈和善的人，愈是個危險人物。

嚴格地說，世上沒有真正的好人。日本的法然上人看清這個道理，於是在『一枚起請文』文中，告誡徒弟們說：「不要偽裝智者，應一味地念經。」

16 一味我行我素必定自食惡果

✻✻✻✻

只注意別人，忽略自己該做的事，就是捨本逐末。

蓮如．御一代記聞書

✻✻✻✻

人類是脆弱的，被針扎了一下，就大哭大叫。只被禁食一天，就哀聲嘆氣，嚷著受不了。雖然人是如此一無是處，但每個人都想比別人多活一天，也想比別人多獲得一些好處。這種生存的競爭，自有人類以來，就週而復始地延續著。

曾幾何時，人類終於了解，只要大家同心協力，對抗敵人，就能活得更好，這比脆弱的孤單一人好得多。於是在部落或各社區漸漸產生為共同目的而組成的團體，只要是組織中的一份子都可受到保護，而且過著安定的生活。

因此，為了共同利益而組成的團體到處林立，負起保護個人生活的責任，這原本是個很理想的結構，可是最近他們卻標榜這些好處，暗地裏爭權奪利。

例如，勞動貴族的出現。過去的勞工被認為受了不合理的虐待，拿低廉的工資劫要辛苦的工作，現在有人出面代表勞工，為勞工爭取權益而組成工會，獲得和老闊的交涉權，提出各種改善待遇的要求，這是很正確的制度。

但如果眾人力量團結的結果，使經營本身弱化，甚而導至破產，顯然這些勞工代表就太過份了。因為他們收了會員費，過著有保障的生活，若一味地糾彈對方，進而玩弄特權，則會造成社會的大問題。

各團體的代表應該了解我行我素，終必自食惡果的道理，同時也要自愛，不可找藉口，行使不當的權力。

狐假虎威，作威作福，這是何等無聊的行為。

現在社會的風氣也是如此，你一人無論如何大聲疾呼，可是就是沒人理你，一定要組成壓力團體，資方才肯就範，這的確是事實。如果藉團體名義和力量，貫徹共同目的，這是正當的，可是容易造成一種現象，那就是團體本身也許會脫離每一個成員而我行我素，這是俱有危險性的。

每個人必須了解的是，有自己才有團體。所以，每個組織的成員不可把全權交給代表，避免產生上述的危險。

17 「黑斑看成酒渦」和「酒渦看成黑斑」的差異

忿恚及百千大劫損害善根，固應被忍辱之鎧，以堅固之力摧忿恚之軍。

大寶積經

若問長期住在日本而熟知日本人心態的外國人說：

「你和日本人交往時，感到最困擾的是什麼？」

大多數會回答：「日本人總是把臉拉得長長的，而且容易感情用事。」

古人說：「有理走遍天下，無理寸步難行。」或「最難應付的就是胡鬧的孩子和地主。」一般而言，日本人容易感情衝動，即使他平時是個標榜冷靜的合理主義者，一旦遇到狀況時，他的理論就飛入九霄雲外而意氣用事了。

日本人容易感情用事，換句話說，是因為感情豐富，以好的一面而言，顯示出纖細的感性和藝術味的表現。在壞的一面，就會引起人際關係的散漫，造成無謂的糾葛。結果使人們只注重表面，不願真誠相待。

最好的證明是，在同事間常因為一些小動作或言詞就認定「那傢伙太沒禮貌，太驕傲了！」甚至認為「他看我不順眼！」雙方起衝突。也就是說，對方適合自己的口味，對他有好感時，常把「黑斑看成酒渦」，可是看不順眼，就變成「酒渦看成黑斑」一樣。毫無理由地討厭對方，甚至恨對方。

為了將來能在國際社會上繼續生存，人人必須冷靜判斷事實，自愛自重，不可感情用事。但是，「不要感情用事」這句話，並不是說做就能做到，因為人似乎本來俱有感情用事的天性。

舉出這個觀點的是《日本人的大腦》的作者角田忠信，他說，日本人腦幹的構造和歐美人不同。歐美人是承於從事邏輯思考的右撇子。而日本人是屬於感覺性的左撇子。

如果這是事實，那麼人必須使用邏輯性的思考去體驗生活。雖然已經引入很多歐美文化，可是大家還是以感覺面來接受它，適合大家口味的就接受，不適合的就完全摒棄，結果只是原則上看齊或模仿的表面接受而已。今後應該培養邏輯性的思考和行為。即使是左撇子也不例外。

18 過度、偏頗和無理

> 人的心意總是飄浮不定，不知下落，然而凡事總要謹慎而為。
> 蓮如・御一代記聞書

每次看到電視或報紙所報導的社會案件，總是出乎人意料之外，對於這些大逆不道的犯罪，令人感到憤慨。

過去是世界上少數犯罪率低的國家，並且獲得世界一致讚揚，認為國人很有忍耐性，是一個自愛自重而溫和的國家。但最近情形似乎改觀了，把全家趕盡殺絕或搶錢、販毒的案件成為日常便飯。不良青少年以及成人貪污的案件到處可見，如今誰也不敢預料什麼時候？什麼地方會發生可怕的案件。

一般人的道德感已逐漸低落，主張權利而不守義務的論調日益高漲，一些爭執和反目造成不信任感逐漸增強。

如青少年家庭暴力和校園內的暴力事件不勝枚舉，當然也不能全責怪孩子，其原因多半是家庭本身的崩潰，父母親一起外出做事，拼命賺錢，忽略家庭，結果孩子們對家庭感到失望，所以，造成他們為所欲為的心態。

一個人如果忘記自己必須依靠別人才能活下去的事實，自私自利，我行我素而且毫無節制，終究會咎由自取。如果飲酒過量，就會為宿醉而煩惱不已，如果口不擇言。出口罵人，一定會遭到對方的反感。

所以，凡事要衡量程度，超過程度絕不會產生良好的結果。看來最近國人好像忘了「辨別分際、知道恥辱」的美德了。

當然，也不是要你一味地忍耐，只是能多為自己也為別人設想，儘量忍耐，並且不斷反省「自己是否做得太過分？」或「有沒有太勉強？」如果認為自己有越矩的情形，就該趕緊剎車。不可繼續錯下去。我們常被人評為做事過分，喜歡勉強別人，因此，我們應該多反省自己的所做所為。

做事時，如何才是有分寸呢？

所謂「事以八分為宜」，我們必須經常評估自己的言行，如果察覺有過度、偏頗或勉強等情形，就要趕緊剎車，自我矯正，以免繼續錯下去。做不到這點，任意為所欲為，將來一定咎由自取。

19 關起破爛不堪的紙門

＊＊＊＊

賢者之信，內賢而外愚，愚鈍之心，內愚而外賢。

親鸞．歎異抄

＊＊＊＊

不論古今中外，總有自視聰明而看不起別人的人。炫耀自己優點的心理，每人或多或少都有，可是趁機糟蹋別人，卻是不正常的。

例如，看到別人偶爾犯了小錯，就毫不留情地指責、數落。對方問些簡單的問題，就想：「這是多麼愚蠢的問題！」而輕視他，不肯誠心回答。或者過分誇耀自己，並揶揄對方一無是處，這些都是脫離常軌的行為。

這種優越感，其實和掩飾自己弱點的自卑感是一體兩面的。行為愈驕傲，愈表現自己的無知和愚蠢，不知一般人是否了解這點。一個作威作福，得意洋洋，好像不可一世的人才愚蠢？

所謂「充實的稻穗都是低下頭的」可見真正的賢者，因為熟知自己愚笨，所以不會不分青紅皂白地批評別人，寧可把指責的對象轉向自己，因此，態度自然顯得謙虛。

世上果真有賢者存在嗎？《涅槃經》中記載「知者有二，一為不做惡者，二為做惡而懺悔者。愚者亦有二，一為犯罪者，二為隱藏罪惡者。」

我認為到目前為止，從未連累別人，這種完美無缺的人不可能存在。每人都有罪惡，只是隱藏了自己的罪惡而已。甚至有些人認為，如果沒有掩飾自己，隱藏自己的罪惡，很可能就此遭人暗算，身心兩方面都會被糟蹋，然而果真如此嗎？

日本詩人尾崎放哉說過一句話：

「關起破爛不堪的紙門。」

他曾經在小豆島的南鄉庵當廟祝，他一向緊閉房門，避免外面的風沙和灰塵吹進屋裏。有一回他注意一看，原來應該遮擋外界的紙門是破破爛爛的。

我們是否有這種破紙門呢？一個人如果自做聰明，自以為了不起，或偽裝好人，掩飾自己的罪行，其實外面的沙塵在不知不覺中已吹進紙門裏了。

《晏子春秋．內篇雜上二十四》說：「省行者不引其過。」即是，對自己的行為能夠反躬自省，這種人的錯誤是不會繼續存在和發展的。

20 培養「觀眼」

＊＊＊＊
目見一物，其心止者謂之不動。心止於物，難免胡思亂想
澤庵・不動智神妙錄
＊＊＊＊

藉著各種資訊和傳播媒體，我們得到各種消息，也了解人的動態是如此變化多端，如果為此一喜一憂，我們的心情難免受到捉弄，一刻也無法休息，就像猴子在樹林間蹦蹦跳跳一般，跳動不定。如果我們也像這樣，受外界的影響，很快地會迷失自己。為了避免發生這種情形，必須按捺住焦慮的心，使自己穩定下來，並以心眼觀察，以心耳辨聽。

等穩住心之後，再觀察各種事物，就會看到過去所看不到的，也會聽到過去所聽不到的。我們看得出外表裝飾得很漂亮的人，他的內心却無比貧乏和醜陋。另外一個人雖愛說話，但卻知道他心地善良，心胸寬宏。使我們俱備不受外貌影響而能透視真實的能力。

有一尊不動明王佛，右手握劍，左手拿繩，張目露齒，注視著。右手的劍代表

智慧，左手的繩子代表以慈悲的心救助大眾，使我們覺醒而看得出真實。

如果透視真實的不動之心能成為我們的心，那麼過去冒冒失失，非常狼狽的人，也能到達無拘無束，安心立命的境地。佛教中告訴我們有五種觀察事物的眼，那就是肉眼、天眼、慧眼、法眼、佛眼。

肉眼是指我們普通看東西的眼睛，使我們看得見物體的存在。

天眼和顯微鏡、X光、望眼鏡一樣，擴大透視面，看得出物體的內容。

慧眼就是從過去越過現在到未來，一概能從周遭的事物中預測出道理，而且是了解時間和空間大局的眼光。

法眼就是了解事物存在意義的眼光，靠它能看清所有事物的實相。

佛眼並不是觀察事物的眼光，而是把事物當作自己身中物看待的眼光。

雖然有這麼多種眼，可是我們大都只使用肉眼或天眼而已，並不知道還有更好的眼光。被日本譽為劍聖的宮本武藏曾經說過：「見眼弱，觀眼強。」這「觀眼」就相當於慧眼、法眼和佛眼，除非俱備這種眼光，否則無法了解事物的真相，所以要看清真實的不動心，單看能不能培養「觀眼」而定。

21 掙脫出「唯我獨尊」的心態

學佛道等於學自己，學自己等於忘我，
忘我之心，證以方法。
道元．正法眼藏

是否有人抱怨：「我這樣拼命工作，辛苦度日，可是我家死鬼卻一點也不體貼，甚至一句感謝的話都不會說。」

對妳而言，整天工作，的確非常辛苦，而且如此操勞卻得不到報酬，難免會找人訴苦抱怨，或找人出氣。可是如果妳把這種不滿的心向對方發洩，也許你已經得到發洩，可是對方會因此受傷。這種使自己醜化的情形，也許妳沒有發現。

每個人都有難以言喻的勞苦，但人很難會了解對方的勞苦，也許對方比妳更苦，可是我們很容易忽略這點，總以為只有自己最可憐，「唯我獨尊」的心，會使自己的痛苦更深，到最後將無法自拔。除非掙脫出這種偏見，進入超越人我的「萬法」境地，否則你將不斷地勞苦，而且生活在不幸當中。

第二章　要有勇氣向人生挑戰

——人必須有「阿留邊幾夜宇和」七字（明惠）

22 自由就是靠自己的責任和決斷力生活下去

非異人作惡、非異人受報，自業得自果，眾生皆如此。

正法念經

提到自由，一般人都會聯想「不受人束縛，為所欲為」這句話，其實「自由」本是佛家語，有獨立自主的意思，也就是說，不被自己的慾望所左右，也不依賴別人，只靠自己的責任和果斷力活下去。

一個無法獨立自主的人，如果允許他為所欲為，一定讓他不知所措，在慾望的慫恿下，做出傷天害理的事。這種人由於個性不成熟，所以，要在別人強迫下才容易成長。可是對一個非常獨立自主的人，他會自由地思考，在自己的責任感和果斷力之下，不受約束反而使他的創造活動更活潑，這才是一個人真正的生活方式。

思想家希勒說過：「人類是唯一俱有靈性的生物，不會像動物一樣受本能束縛，也不會被埋沒於封閉的環境裏，環境是人類提升的大對象，同時也以自己本身為對象，因此，才產生自我意識。無論對環境或自己的生命，都保留相當的自由，也就是說，人類和被束縛在封閉環境中的動物不同，擁有開放的世界，同時也使世界開放。」

只有人類才擁有自主的決斷力和行動的自由，這一切都由自己所選擇，任何人無法下命令，也不被任何人束縛。

佛教經典《法句經》說：「自己才是自己所依據的，除了自己，沒有人可以依據。自己修得的力量是最強大的。我們容易失去自己，所以要把這句話銘記在心，成為負責任，有果斷力的人。」

現在的學生課本上的知識，一句一字都能記得很清楚，可是從來沒有疑問，也不會應用。給他們自由思考的時間和機會，也毫無質問的情形，只是一味地接受填鴨式教育，認為考試能及格就可以。這種做法，等於是自己放棄天生所賦予的自由。北齊劉晝《劉子．崇學》說：「人不涉學，猶心之聾盲。」即是說，人如果不進行學習，就等於是思想上的聾子和瞎子。

尤其在今天，更需要自己思考和選擇的自由，絕不要置身感覺中，成為它的奴隸或放任主義的人。

23 讓工作自動來找你

＊＊＊＊

捨身與南無阿彌陀佛獨一為一心不亂，
唯唸佛才是真正的唸佛。
一遍．語錄

＊＊＊＊

無論任何事，只要有「我在做」的意識。那份工作就無法順利完成。自己所做的事獲別人認同，或受到別人誇獎，這是經常有的事，但如此一來，等於是在誇耀自己，而不是工作本身成功與否。

既然如此，即使工作成功，這份成績也要打折扣。

一個人真正喜歡工作，埋首其中，早就失去「我在做」的意識，反而認為是工作本身自己在做。相反的，心不甘情不願地工作，工作就不會來找你，甚至會離你而去，所以，只有突顯自己的存在，而所做的工作也乏善可陳。

所謂「學習不如習慣」，無論如何高尚的工作，總要和它融為一體才能做得完美。因為融為一體之後，你能確實領會工作的性質和節奏，使工作自己來找你。

佛教中也有「佛佛相念」、「感應同交」的境地，意思是說，工作中的「佛陀」和你心中的「佛陀」相結合，互相交融在一起的意思。

要使兩佛交會，必須一心不亂地做自己的工作，到全神貫注的地步，最重要的是，以定力（集中力）使自己和工作交融在一起。

例如，在眾人面前演講或表演一向忌諱的人，也許是較膽怯，所以，遇到這種場面就緊張害怕，不但無法充分表達自己的意思，而且還常犯錯，常使自己後悔不已。最近可能比較習慣，所以比以前好多了，但到了出場時，還是會緊張，只是已經輪到自己出場，躲也躲不過了，所以，總是抱著「玉石俱焚」的決心出場。

宮本武藏曾把自己和敵人對峙的心境歌錄為：

「揮砍的刀不是地獄，捨身賣命才能起死回生。」

《禮記．中庸》：「言顧行，行顧言。」意即，說話要實事求是，不誇誇其談；辦事要言而有信。

《抱朴子．知止》說：「知足者常足，不知足者無足。」意即，知道滿足的人，就會覺得自己經常是滿足的；不知道滿足的人，永遠不可能有滿足的時候。

我們也應該經常以這種認真的態度待人處事，才有成就事業的希望。

24 「不打不成器」

※※※※

不論打人或挨打都是想像的夢幻現象而已。

夢想國師．語錄

※※※※

日本南北朝的一代名僧夢想國師有一次被無理取鬧的人毆打，四周的人都氣憤不已，一再勸他還手，但禪師泰然自若地說：「不打不成器」。

若是我們，情形又會如何呢？如果有人打你，也許你會以牙還牙，以十倍的力氣還以顏色。否則就懷恨在心，心想「遲早我要報仇！」而過著虎視眈眈的日子。可是懷著報仇的心，或馬上還以顏色，雖然出了一口氣，可是對方還會報仇，在這種惡性循環下，永遠處在對立狀態，甚至情緒太激動殺了對方，結果一命換一命，最後一定陷入無法挽救的絕境。

如果挨打就立刻還手，這和小孩的行徑一樣，是不成熟的表現，既然有還手的勇氣，何不把這勇氣用在正當的途徑上，去做自己真正應該做的事。

歌者山村暮鳥曾說：「打吧！挨打才會使自己堅強！」一個人如果認為挨打就

像製造一把刀一樣，必須經過千錘百鍊才能燒成，那麼這個人就很了不起。

所謂「玉不琢，不成器。」如果一個人挨打了，應該由衷感謝這種磨練才對。

小孩受到頑童的欺侮，大人不斷和對手競爭，甚至還要受上司的虐待，在我們的周遭有太多不公平的事。

如果那些弱者敢怒不敢言，自暴自棄，甚至酗酒聊以自慰，如此一來，將會使自己的命運更悲慘。

一個人發洩怨氣的情形，就像水經過加熱、達到沸點，然後氣化後成水蒸氣一樣。如果這些開水是在寬闊的大鍋裏，只是在表面擴散掉而已。但如果是在瓶口小的壺裏沸騰，就會形成一個突破口，產生氣壓，發揮強大的力量，成為操縱火車或渦輪的動力。一個狹窄的瓶頸，就能儲存能量，成為建設性的力量。

所以，我們受人欺侮或挨打時，不可因受痛苦而做破壞性的發洩，找自己或別人出氣。應該朝向我們真正應做的事情上發揮。

元代王惲《玉堂嘉話》說：「大丈夫當容人，勿為人所容。」就是有作為的人，應該能諒解和寬容別人，但不應讓別人來寬容自己。

25 成為一個有魅力的人

****

道風德香（註：佛尊之德）薰一切，
智恬情泊慮凝靜。

法華經

****

一般而言，總認為容貌端莊、舉止瀟脫就是很有魅力的人。的確擁有這些條件的人，總是受到社會的寵愛，成為蒙昧無知的人所憧憬的對象。但不一定是這些人才有魅力。

姑且不論一個人的容貌和舉止如何？凡是看到經常有思想、意識和埋首於理想而專心一致的人，總讓人覺得比起那些馬虎地渡過人生的人更有魅力。

例如，殘障機構中默默工作的看護人，每天站在街上交叉口指揮孩童交通安全的老先生，都很令我們欽佩。他們的年紀雖然一大把，可是卻能默默耕耘，這是非常可貴的。另外，看到火車、巴士的司機以及藝術家等，對工作執著的態度，也令人欽佩。

一個人如果能和某種事交融在一起，而且充滿熱情地持續下去，這是因為他了解這件事的價值，而有不得不做的使命感，幾乎這可說是一種信仰。

信仰不一定只是向特定神佛祈禱而已，朝向自己的目標，全力以赴，並且持之以恆的人，同樣是一種信仰。也許這種人並沒有發現自己成為有魅力的人，但不可否認的，一個人對自己所做的事感到有興趣，而且沉緬其中，久而久之，自己本身就會成為有魅力的人。

無論遇到任何事，一點都不驚訝或感動的人，一定常埋怨這個世界，認為人生毫無意義。

「只是在那裏」的詩中。有一段……

你只是在那裏而已，當場的氣氛開朗多了。
你只是在那裏而已，大家很安詳，
我也很想以你為榜樣。

在這世風日下、人心不古的世界裏，我們最渴望的就是能看到隨時隨地面帶微笑，慈祥如佛般的人。

26 對自己忠實、對他人誠實、對工作確實

＊＊＊＊
有信無解，無明增長，有解無信，邪見增長。
涅槃經
＊＊＊＊

當別人問你：「你相信神佛的存在嗎？」「如果你相信，那麼神佛又是什麼？」

你有沒有自信回答：「我相信！」「這就是神佛！」

如果你回答不出，那麼就表示你不信教嗎？這也未必盡然。

過去，很多哲學家常為了證明或否定神佛的存在而展開議論，可是沒有什麼結果。因為神佛的存在並不是來自頭腦的認知，而是心裏的感應，也不是客觀地觀看，而是主觀地領會。

例如，得到別人的愛情或親情時，你能夠把它拿出來說「這就是」嗎？你不能，因為那必須由你自己本身去體會，而且它沒有外形，可是不能因為它沒有外形，就斷定它不存在。

天主教作家遠藤周作在他著的《我心中的神》中說：

「我之所以感到上帝的存在，是因為到今天為止，我總覺得有人在背後推我一把。仔細回憶過去，曾愛過或支持我的人很多，這些人並不是毫無意義的存在，他們以眼睛看不到的一條線連接在一起，時時刻刻幫助我。」

基督教也指出「上帝就是愛」，又說有愛心的地方就有上帝。但佛教就不同，佛教注重的是發揮緣起法則的功能，也就是說，人世間的一切都由過去原因和現在因緣，互相關連而不斷持續發展的，靠我們現在的心得，再加上努力與否而決定我們的未來。

如果我們只知飯來張口，無所事事，那能得到良果？世間一切都是由因果報應、自業自得的法則引起的作用。無論你信與不信，這個法則依然存在，躲也躲不過。佛渡眾生，把我們由痛苦中救起，也使我們能獲得精進而更上一層樓。

真正的信仰是熟知自己有顆真實的心，而且隨時隨地願與別人分享。如果要探知真實心的喜悅和幸福，就應該對自己忠實，對別人誠實，對工作確實。

27 擁有一顆對任何人都能合掌的心

＊＊＊＊

如稱無佛亦無吾，南無阿彌陀佛，南無阿彌陀佛。

一遍．一遍上人語錄

＊＊＊＊

據說，你快樂時，如果有人分享，那麼喜悅就會加倍，如果悲哀時有人分擔，那麼悲哀就會減半。

不論悲喜，通常在我們身旁溫柔看顧我們的就是佛尊。一般人認為佛尊大都是指死去的人，但並不是死去的人就能成為佛尊。如果這些已故的人對我們而言是有意義的存在，我們才說他已成佛。

最初傳播這些教義而自身亦成佛的就是釋迦牟尼。釋迦在距今約二千五百年生於藍毗尼，母親是摩耶夫人。釋迦經過長期修行之後，才領悟「端正、開明、和睦」的道理才是人類幸福的根本之道。然後他親自實踐佛教教義，最後成為佛尊（理想的人）。我們只要膜拜佛尊，心裏自然而然得到溫暖和穩定，享有人生的喜悅。

聽佛教教義，並不一定要愁眉苦臉地聽，道理很簡單，只要隨時隨地對任何人都能合掌膜拜即可，即使在心中也可以。

一個不能合掌膜拜，動輒揮拳找人打架的人，永遠無法得到幸福，因為這種作風和動物無異。一個經常合掌膜拜的人也能經常向別人表示謝意，所以對方也會以微笑回報，這不是很幸福嗎？不只是對佛尊，對任何人都能合掌膜拜的人最了不起。

《論語．顏淵》中說：「君子成人之美，不成人之惡。」就是要我們幫助別人成全好事，不幫助別人成全壞事。

最近有些人一聽別人要去聽佛學，就說：「你真是傻得可憐，有那種時間，何不賺更多錢，盡情享受生活？」

這些人只是拖累別人，過著墮落的生活罷了。

「不語」詩中歌詠：

早起拜佛，五體投地，

拜木佛金佛，也拜無底而深深地沈默。

28 被寵壞的人長大後就成為「心邪」之人

＊＊＊＊
善軟直心者，易得度。
龍樹・大智度論
＊＊＊＊

一家出租禮服店，向準備結婚的一些情侶們做問卷調查，問題是「你是被對方什麼地方吸引才決定結婚？」結果第一是「溫柔、體貼」，第二是「誠實、坦率」，其次是「人品、性格良好」、「值得信賴」、「開朗」、「終身伴侶」、「做事穩重而牢靠」、「心地善良」……。

和上一次調查做比較，第一和第二相同，但「人品、性格良好」從上次第八升為第三，相反的，以前在前十名而這次掉下去的有「男人味、女人味」已經從第四掉到十七了。「英俊、貌美」從第五掉到十二。「充滿家庭味」也從第五掉到十五。由此可見，年輕人的眼光已逐漸由對方的外貌轉到內在。

我們總是喜歡品格良好的人，一個坦率、溫順的人在就業面試時比較討人喜歡，錄取的可能性也較大。相反的，心術不正，喜歡頂撞別人，一味地自我主張的人，總是惹人討厭，大家都想避開他。所以他愈走向邪路，產生惡性循環。

根據精神病理學者的報告，我們從小在父母親的羽翼下成長，所以一向信賴父母，心裏有安全感，自己有什麼不如意，父母也一定會伸出援手。

但如果這種依賴感受到阻礙時，就會產生「賭氣」的反應，持續行不通時，易使人養成「乖僻」的個性，久而久之，就變成一個無法與人相處的人。

如果這是事實，一個心情不爽朗。經常鬧彆扭的人，他的成長階段是可悲的。也許他想得到別人的寵愛而得不到，才呈現這種親情飢餓狀態。

親子間的親情愈融洽愈好，但如果雙方過於依賴，演變成驕寵的關係，進而產生「看見別人，就認定他是敵人」的不信任感，這種親情就有問題了。乍看之下，親情和驕寵不可分，其實它是全然不同的兩回事。總之，一個人見人愛的人才是心地純真的人。

「瞳孔必須經常澄清。如果混濁就沒有希望。」一個人是否純真，只要看他的眼睛就知道。但願各位都能成為以澄清的眼光待人處世的人。

29 自己雕刻「我之樹」

＊＊＊＊積累之要（註：多積德）唯專勤，摒絕嗜好，行而不倦。
一絲文守．緇門寶藏集＊＊＊＊

凡事必須集中精神。認真去做，才有成功的希望。

教授向學生講課時，心不在焉，迷迷糊糊坐在課堂上的學生，稍待教授問他問題時，他一定回答：「不知道！」有些學生在讀書時，一面播放流行音樂，一面吃點心，令人非常懷疑，他讀的書有沒有進入腦子裏？

在佛教上勸大家採取驅除雜念的方式，要大家端正身體，坐禪冥想。如果應用在實際工作方面就是開頭所講的那句話。意思是說，從事任何工作，必須以自己的心集中在對象上。久而久之，才能和對象融為一體。

日本鎌倉時代的武士那須與一宗高，授命射中當作敵方船隻的扇子，他知道如果自己沒射中，不只是自己出洋相，同時也是整個源氏的恥辱，於是策馬向前，拉弓瞄準，可是因為壓力太大，所以很難瞄準那把扇子。

此時與一宗高暫時閉上眼睛，穩住心情，把心獻給上天，然後把標的放入眼裏，緩緩射出一箭，結果絲毫不差的射中扇子，使那把扇子飄然落入海裏。

同樣鎌倉時代的雕佛師運慶，他曾雕刻許多國寶級的佛像，因此揚名天下。據說有一次他把心中的雜念完全驅除，仔細觀看那塊要雕的木材，結果在木材裏看到他要雕刻的佛像，於是只要依照心中的佛像刻下去，很快就完成一尊佛像。

現代的佛像雕刻家松久明琳也說：

「我在雕佛像時，只要面對雕木，凝目注視，不知不覺它就變成我自己，於是我以自己雕刻自己的心情工作。」

從前哈佛大學的教授霍金說過：「人性中有個傾向，就是以自己同化自己，成為正在集中注意的目標。」

《韓非子．大體》說：「全大體者，不吹毛而求小疵。」就是顧全大局的人，不會故意挑剔那些不必計較的小毛病。

只要自己喜歡就能「一念貫石」，因為你關心或感興趣的東西，就能發揮集中力，但如果沒有，那麼關心和興趣是件可悲的事。

30 自欺欺人將咎由自取

惡性難止，心如蛇蝎，修善也成雜毒（註：無益），固稱虛假（註：空虛）之行。

親鸞・和讚

一位熟人說，如果稅捐處懷疑你漏稅，或在路上遇到交通警察發現你違反交通規則，或債主催你還錢，或約定時間遲到時，絕不要說道歉，或「我錯了！」這種話，因為說了等於承認自己有錯而該受到嚴重的處罰，所以即使明知道自己錯了。也要一概否認說：「我不知道啊！」

對方也無可奈何，如果運氣好，對方還會放你一馬，否則頂多說一句：「以後要注意！」就作罷。

說這些話的那位熟人，最近遇到以下的情形。

他的鄰居趁他不在時改建房子，結果侵犯了他的用地，他很快提出抗議，想不到對方卻一臉毫不在乎地：「那是工人做的，我什麼都不知道！」不但不道歉，還威脅一句說：「難道你要我拆毀已經蓋好的房子嗎？」

那位熟人先是想自認倒楣，但後來心有不甘，最後執意要對方改建。

無論任何人總是最愛自己，就算內心承認自己錯了，也不願向別人認錯，但久而久之，過著這種自欺欺人的生活，遲早會咎由自取而受到處罰。

很多人對自己的言行不肯負責，甚至一副毫不在乎的樣子。這些人口口聲聲向對方說：「我發誓，我一定守約！」以博得別人的信賴，可是不出數日就背叛對方，或欺騙別人。

在現實生活中，相信大家都遭遇很多「頭痛」的事，如果相信對方說：

「我現在已經走頭無路了！」就把錢借給他，或相信他說：

「在規定期限內我一定還你。」而答應延緩時間付房租，結果期限一到，毫無音信。

也許這些人不論證據有沒有在對方手中，也自以為：

「那一點錢就算掉了也沒什麼關係！」

可是他卻沒有發現，他已失去了比任何東西都重要的「信用」。

31 助人為快樂之本

佛祖大道，必有行持（註：修行的生活）。道還而不斷絕。發心、修行、涅槃，毫無間隙，行持道還（註：如環一般沒有缺口）。

道元．正法眼藏

這世上有二種類型的人，一種是為別人也為社會奉獻而活著的人，另一種則相反，總是連累別人，在別人的犧牲下維持生活。有人認為人生只此一次，何必顧及他人，只要快快樂樂度過一生即可。於是過著墮落享樂的生活。這種人別人一定遠離他、討厭他，到晚年必過孤苦無依的生活。

受別人尊敬或仰慕的人，大都犧牲自己，樂於為別人服務。如耶穌基督，他把人類一切的罪惡承擔在自己身上，最後釘上十字架而犧牲生命。

這種贖罪或代人受苦的精神，在我們日常生活中到處可見。看到這種默默耕耘的人，自然而然令人肅然起敬。然而今天多的是只為自己、犧牲別人，自私自利的人，所以那些體驗奉獻喜悅的人，顯得稀少而有價值。如果這些人在世上消失，每個人都不再為別人服務，只為自己而活，這世界將充滿黑暗。因此，能為別人犧牲的人，才真正了不起。

眼睛瞎了的一位國中學生，從小學四年級就上盲啞學校。她說：「雖然我失去光明和自由，但卻認識捨己奉獻的存在，那就是別人的溫情。」

她說，每天她在上學途中，固定有一位女人把她牽到盲人專用的交叉口上，她是透過那個人的手溫而了解他的溫情。

「可是我偶爾也覺得有疑問……一個接受比付出多的人，能真正了解別人的溫情嗎？我剛說過我了解，也許我並沒有真正了解，因為我現在幾乎沒有可付出或體恤別人的能力。不過總有一天，我要透過付出的喜悅而真正了解收受的可貴。」

可見他已經領會，只要默默地耕耘，為別人服務，這就是喜悅。

漢．徐幹《中論．修本》說：「人而好喜，福雖未至，禍其遠矣。」意指人如果能好善，福雖然還沒到來，但和禍的距離卻是很遠的。

32 盡自己的本分以成為「第一我」

※※※※

人應持阿留邊幾夜宇和（註：保持真面目）七字，僧要像僧，俗要像俗。

明惠．遺訓

※※※※

最近不分男女，從外表上看，分不出他們的職業是什麼，這種身份不明的人愈來愈多。當然穿什麼衣服，做什麼事，都是每個人的自由，但也不該就此失去「自己的本分」。

人，只要對自己的工作充滿自信和榮譽感，不論什麼職業都沒有必要自卑或隱瞞。但心裏有愧疚或做了自己不該做的事，將會使人心緒不穩定，慌慌張張，心不在焉。即使你裝模作樣，想改變自己的形象，這都是無濟於事的。因為你隨時隨地會露出馬腳。所以，保持自己原來的面目，你才會心安理得。

有人說：「在山裏長大的白頭翁覺得山裏的生活太苦，所以跑到市鎮來。結果一到市鎮就被抓了，牠後悔的哭，懷念山裏的生活。」的確別人的田地，看起來總是比較美。

無論一個人他的職業或地位如何地受人羨慕，但他本人一定也有他的煩惱和痛苦。忽略自己，把美夢寄託在遙不可及的世界裏，這是最無知的，站穩自己的腳步，過著踏實的生活才是明智的。

童話裏有個故事，一個水池裏的鯉魚。看到五月晴天裏飄盪於微風中的鯉魚旗。心想他高高在上，俯看下面，真神氣，所以非常羨慕。有一天，水裏的鯉魚向鯉魚旗說：「只要一次就好，我們互換角色好嗎？」

那鯉魚旗也很盼望能像那隻鯉魚一樣，在水中悠閒的游泳，所以，雙方一拍即合，決定互換角色。可是鯉魚一上岸就被太陽曬得全身無力，差點窒息而死。另一方面，旗竿上的鯉魚旗一到水一裏，立刻因浸濕而顯得非常難看，差點淹死。從此雙方發誓，再也不要有這種傻念頭了。

每個人都有不同的生活圈，在自己的生活圈中發揮自己的特色最重要。雖然「別家的籬笆看起來總是比較漂亮」但是忽略自己羨慕別人，對自己又有何用呢？

每個人都應該恪守本份，成為自己心中最好的自己，才能發揮自己的才能，生活才有意義。

33 話要說得恰到好處

人心決定，存隨人言。

道元．正法眼藏隨聞記

日本前任首相池田勇人當總理大臣時，因說了一句：「窮人吃麥片算了！」一大受世人的指責。其實他說這句話真正的意思是，當時日本還沒有進入高度成長時期，所以，他呼籲人民暫時忍耐，節儉過活。沒想到人們誤會他的真意，全國人民都杯葛他，使他不得不匆匆下台。

隨著接受方式的不同，有時候發言人的意見常會被誤會或扭曲，甚至帶來本人都意料不到的責難。在這種情況下，如果只要他補充說明還無所謂，有時還要他本人道歉。甚至使他失去社會地位和信用，這真是不值得。在這世上，因一些被誤解的筆禍或口禍而埋沒的人何其多？

雖然文字和語言是我們將意念傳遞給別人不可或缺的方法，可是它並不是全然方便的。因為無法把真意傳遞給對方時，容易產生誤會。

關於這點，繪畫和音樂就不同了。只要你付出心血，並呈現在作品上，傳遞給欣賞者時，幾乎沒有被誤會的情形發生。甚至盆栽或飼養家畜時，只要用心照料，都可獲得良好的結果。而且絕不會受到背叛。

有句名言：「無論是誰，根本無法完全獲得別人的了解。人們在別人的誤會中生活，也在別人的誤會中死。了解我的人只有我自己，也就是我孤單的一人而已。」

當然，不能因為文字和語言在傳達意念上不方便就摒棄不用，只是我們要慎重地排除容易使別人誤會的言詞。如果已經被誤會時，最好不要盲目蠢動，因為一個人的真面目就在他生活的本身上面，而語言只不過是片面罷了。

文藝評論家說：「如果參加讓你表達意見的會議時，你一句話也不說，以後一定會後悔，因為語言剩下太多。但如果你發言了，以後還是會後悔，因為語言不夠多。」

我們講話時。不足不行，太多也不行。必須做到實話實說而又不致於讓對方感到不愉快的地步。

34 「獅子般的生活方式」和「猴子般的生活方式」

✻✻✻✻ 身心寂不動。以求無上道。 法華經 ✻✻✻✻

人類學家也是動物學家的戴斯蒙里斯，曾在他的《赤裸裸的猴子》這本書裏指出：被譽為百獸之王的獅子和小巧靈活的猴子，其生活習性不同之處。

也就是說，獅子是哺乳動物，以肉食為主。當牠肚子餓時，正好別的動物在眼前出現，牠會立刻捕殺獵物，把對方的肉、骨頭、血液和內臟等營養價值高的部份吃掉。據說牠吃飽後，三十天內頂多舔舔剩下的骨頭而已，幾乎什麼都不吃，成天只躺著。所以在這期間，草食動物如斑馬或山羊等，都可放心地跑到獅子身旁玩耍。

但猴子就不同了，牠以樹葉為主食，因為營養價值低，所以必須從早到晚不斷地吃，才能維持生命。因此經常在山野間到處奔波，不停地放眼四方，尋找食物。

如果把這說法拿來和人類比較，以肉食為主的歐美人就像獅子，以五穀為主食的東方人不就像猴子嗎？

我們之所以有旺盛的求知慾和好奇心，擅長注意外界和觀察四周，主要是猴子般的習性所致。所以不斷地工作，從不休息，沒有穩定感，也難以集中注意力在一件事情上。

在此並不是指猴子般的生活不好，必須過獅子般的生活。的確獅子在吃飽後，性情大方，非常穩定，可是一旦肚子餓，即使是一隻兔子，牠也會全力獵捕，而且全然不會拐彎。

因為斑馬熟知獅子的習性，看到獅子追來，於是巧妙地做鉅齒狀奔跑，結果獅子被玩弄得筋疲力盡，反而被斑馬踢死。

我們不是獅子也不是猴子，而是有思考能力的動物。可是如果沒有好好應用我們思考能力，像獅子般拘泥一件事，不懂得權變，或像猴子般到處奔跑，徘徊不定，這種人多可悲？

在我們身邊多的是時而像獅子，時而像猴子般度過無謂一生的人。看來我們應該使自己冷靜，深入思考事物，探求生活的意義。

35 設身處地為他人著想

✻✻✻✻
莫觀他人邪曲，莫觀他人何為？莫觀他人何不為？只想吾之何為？吾之何不為？
法句經
✻✻✻✻

有些人動不動就批評別人的言行。但很少有人在別人面前堂堂正正地自我批評，因為誰都不願意把缺點公諸世人。可是一個肚量寬宏的人，才能和大家相處融洽。

現代的教育，已經不再只是老師或父母的專屬工作，漸漸地有由電視和大眾傳播媒體取代的趨勢。尤其是電視的衛星轉播，可使全世界發生的事，立刻呈現在我們面前。

如此一來，更助長了紛爭和暴力的自由以及言論報導的自由。尤其是國人，一點芝麻小事，經過報導後，總是穿鑿附會，而且不能冷靜觀察事物，一味地沈溺在畫面上，這種頭腦簡單的人何其多？

美國波士頓發行一份全國性報紙，稱為「基督教科學箴言報」，這份報以從不報導犯罪事件以及人生黑暗面而聞名。並不是說國內也應發行這種只掌握一半人生的報紙，只是希望國內的新聞報導能改掉煽動而使人心不安的論調，成為足以誘人向善，格調高尚的報導。

同時也盼望接受報導消息的我們，不要為這些論調所惑，要以冷靜的眼光看透事實的真相。

至於施教者和受教者，都應有嚴格自我批評的遠見。佛教說：「照顧你的腳下。」勸眾生能夠觀察正在觀察別人的自己。另外，自我批評等於站在別人的立場上思考。如果我們在為所欲為之前，想想四周人的看法如何？或者會給他人帶來什麼影響，我們就不會做出太多任性的事了。

《後漢書．爰延傳》中說：「愛之則不覺其過，惡之則不知其善。」意指，喜歡一個人，就看不見他的缺點和錯誤；討厭一個人，即使是他的優點也會熟視無睹。

36 看不見的樹根

＊＊＊＊

為地所倒者，必依空而起。為空所倒者，必依地而起。

道元．正法眼藏

＊＊＊＊

一般而言，我們總是心想，只要靠自己的力量，我們就可以活下去。我心裏想要什麼，我就以自己工作得來的金錢購買，並沒有累及別人，因此難免認為，自己做任何事，別人都沒有理由干涉。可是，這因為他本人身體尚健康，在眾人圍繞之下工作，一帆風順，才會講這種話。如果情形改變，生了病或上了年紀，成為孤單老人時，他是否還有這種想法呢？

我們生活在宇宙的大自然中，成為社會的一份子。如果把每個人存在宇宙自然裏的情形比喻為身體，我們不正是腐蝕人體的癌細胞嗎？

癌細胞寄身在人體中，如果放置不管，就會逐漸繁殖，最後使人滅亡。同時癌細胞在人體滅亡時，也不得不自滅。因此，癌細胞之所以能生存，就是因為寄身在尚未滅亡的人體裏。

我們就像癌細胞一樣，時時刻刻受到人體的恩惠，否則無法生存。

在此我們要自覺，自己只是寄身在宇宙自然和社會裏而已，因此，對於滋養我的世界必須有感謝之意。

有些人一直受到別人的照顧，不斷拖累別人，但心裏卻一再想排擠別人，獨自享樂，這種人絕不會有這些感慨的。

仔細思量，如果沒有四周人以及宇宙、自然的恩惠，也許我們一天都無活下去。詩人相田說：

「樹枝支撐花朵。樹幹支撐樹枝，再由樹根支撐樹幹，可是，我們卻看不見樹根。」

我們每個人就如花朵一般，分別從樹根獲得養分而盛開，那能自視為大呢？

唐代神秀《偈》說：「身是菩提樹，心如明鏡台，時時勤拂拭，勿使若塵埃。」

意指，身體是光潔的菩提樹，內心像明淨的梳妝台，要經常地不斷擦拭，不讓它沾染灰塵。比喻人要經常反省，隨時改正錯誤。

37 要以身心掌握人生

※※※※

無誓願即如牛之無御，不知所趣。願來持行，正至所在。

智顗．摩訶止觀

※※※※

一般人總認為大耳朵是福耳，成功的機會也較大。從印度傳來的佛像耳朵都很大。可能是釋迦佛比別人加倍傾聽別人意見所致。能接受世間一切道理的肚量，耳朵才大。相反的，我們現代人只喜歡聽甜言蜜語，遠離忠言，而且把自己關在象牙塔裏，所以，現代人的耳朵才變成那麼小。

常常聽到公司、商店的老闆、學校老師或父母說：

「現代的年輕人真難應付，如果誇獎他，他馬上恃寵而驕。如果稍微罵他兩句，他馬上變了臉色，話都不肯說。」

的確，每個人都希望為所欲為，不受約束。相信這些抱怨年輕人的人。他們本身也不願聽人說教。每個人都不願別人數落自己，如此一來，無論他到什麼時候，都不可能有什麼進步和發展。

絕少有人懂得時常反省，虛心接受別人的批評，事實上，也沒有人會向他提出意見。因為在別人提出意見之前，他已經知錯而改了。只有沒有反省心的人才不肯聽別人的意見，而最可悲的是，他還一味地自我陶醉。

一人有錯，別人去告誡他，這需要相當的勇氣。正因為關心他，為他擔憂，才會勸誡他，可是人往往不願坦率接受這份好意，甚至把這份忠告誤會為責難。

當然不值得一聽、有責難意味的意見或告誡，我們就不要聽，但至少要了解別人的出發點是否為你好？仔細加以判斷。如果值得聽就坦率接受，如果不值得聽，那麼，就假裝在聽就好了。

如果一開始就掩住耳朵，凡是意見或忠告都一概不聽，對他本人而言，這是個大損失。

無論好壞、美醜，我們都應該完全接受，然後再從中掌握人生的意義。最近許多人故意不聽別人好意的忠告，一味地自以為是，這種任性的人，一定在失敗後才知道自己錯了。如果在失敗以前，能傾聽別人的忠告，應該可以把自己的失敗減少到最低程度。

38 誰也不能保證還有「下一次呼吸」

＊＊＊＊

的確，人之出息，不待入息。

蓮如・御文

＊＊＊＊

你現在有沒有意識到自己的呼吸。如果沒有，那是你有健康的身體，非常可喜。可是如果呼吸器官出了差錯，無法呼吸，那該怎麼辦？爬上氧氣少的高山或心臟病發作呼吸困難時，可能每個人都不得不想到自己的呼吸。

人類吸入氧氣，使它在細胞產生熱能，再排出二氧化碳，這樣才能維持生命。健康的人，呼氣比吸氣長，可是感冒或悲傷哭泣時，情況相反，不是氣喘不過來，就是哽咽而使吸進的氣變長。

尤其在臨死時，吸入的氣長，呼出的氣微弱細小，因為體內已經缺乏氧氣，需要補充氧氣所致。如果你想維持健康，就應該多注意自己的呼吸狀況。平時要拉長呼氣時間，增加肺活量。

然而即使你沒呼氣，也不能保證下口氣在那裏？我們呼氣之後所以能吸氣，這絕不是極其自然之事，而是自然的恩惠使然。我們不該感謝能呼吸的可貴嗎？

有一次，釋迦佛問他的徒弟：「人生有多長？」有一徒弟回答：「大約有五十年左右！」結果釋迦說：「不對！」後來徒弟們逐漸縮短時間，從四十歲、三十歲、二十歲，最後回答：「是一刻鐘嗎？」釋迦佛仍然搖頭，不表同意。最後回答：「那麼是不是一呼吸之間而已呢？」

這時釋迦佛才點頭說：「不錯！」

這是記載在《四十二章經》的一則趣談。的確，我們的生命就在這一呼吸之間。

只是我們平時在無意識中呼吸，不知道這是確實存在的事實而已。

《韓非子．喻老》說：「知之難，不在見人，在自見。」就是認識事務的困難，不在於認識別人，而在於正確剖析自己。

最近女人平均壽命長達八十一歲，男人長達七十五歲，但這只是數據上的平均數而已，並不能保證每個人都能活到這個歲數。雖然如此，可是我們總是擺出一副「長命百歲的表情」，以為自己會活得很久。釋迦之言確實讓人省思。

39 要有石頭「會飛」的認識

＊＊＊＊

人世之至寶也不只生命而已。

龍樹．大智度論

＊＊＊＊

以前馬路幾乎都沒有舖柏油，所以，常有行人被汽車輾過而彈起的石頭擊傷，這種事故，常因判定石頭會飛，因此，受害者很少控告公路管理的負責人，或要求國家賠償。然而，自從馬路舖上柏油後，偶爾因掉落在馬路上的石頭發生事故時，馬路管理的負責人卻被興師問罪，即使訴諸於法也難有勝算。

有位管理員說：如果有小孩跑到高架橋玩耍或越過柵欄而發生事故時，他必須負起管理無力的責任，這點常使他寢食難安。

不僅馬路如此，由於文明科技發達，各種設備愈完善，它的安全性和舒適性愈受重視。萬一發生事故時，即使錯在使用者，受處罰的還是這些設施的製造廠商或保養人員。

由於憲法規定，尊重人權、生命、自由和幸福的追求以及最低限度的生活權利一再獲得保障，所以人們的權利意識發達，容易誤以為國家或法律能保證一切。

並不是說國家或製造設施的人不必負任何責任，但是，即使法律確實能保障我們的生命，但直接遇害的是我們的身體，無論如何追究對方的責任，自己的身體已受到傷害，無法挽救了。

的確一切的設施都遵照約定做到安全和舒適，又有法律保障，然而這些都只是間接的保證而已，自己的生命終究要由自己保護。

所謂「沒有生命，一切免談！」如果你糟蹋自己的健康，即使拼命工作而功成名就，誰也不會誇獎你。

我們在文明的發達下，過著舒適的生活，可是身心兩方面卻常受到一些恐怖行為，如車禍、犯罪、公害等外來因素以及精神壓迫、運動不足、暴飲暴食、加工食品等內在條件的威脅。

如此一來，無論經濟再進步，醫療機構和福利設施再齊備，也沒有身體的安全感和心理的穩定感。現在大家正一窩蜂的去學習健康治療法，可是任何方法都比不上自己的身體自己保護來得重要。

40 超越不信任、孤獨與無力感

善惡之報，如影隨形，三世因果，不失循環，空過此生，後悔無追。

涅槃經

過去人們的生活缺少現代舒適的條件，不論如何拼命工作，還是難以輕鬆舒適地生活一輩子。沒想到今天的情形完全改觀，在經濟穩定下高度成長、做到保障福利的社會，每個人都不擔心沒東西吃。

這真是個理想的社會，人們不必拼命勞動也活得下去。因此，過去必須靠勞力維持三餐的人，都把勞力交給機器，自己轉而從事休閒及文化交流的活動。

然而人們卻出現多餘而難以排除的精力，所以，人們開始尋找刺激，沈溺於賭博和色情裏，吸大麻或玩賽車，自掘墳墓，逐漸縮短自己的生命。

雖然這是個自由的社會，我愛如何就如何，可是以現況看來，很多人迷失在機械化的社會裏，缺少具體的目標，迷迷糊糊地生活在享樂中。

另外，有很多人在這種自由、和平的社會中生活，缺少冒險的勇氣，只是茫然地度過虛無的日子，所以感歎：「天天都空虛無聊！」甚至有些人對工作不起勁，迷糊地過著暗淡的人生，最後罹患精神病或自殺。

無論那一種情形，在在顯示，這失去原來的自己，脫離了人性的常軌，人們的生活中充滿著孤獨、不信任別人也不信任自己的無力感。

德國的精神醫學家法蘭克，他在二次世界大戰中被德軍關進奧希維茲猶太人的集中營裏，最後拾回一條命說：「一個人只要有堅強的生存意志，無論處在如何難堪的逆境中。也不會失去人性的尊嚴而堅強地活下來。但喪失這種意志，就會不安及焦躁，患精神病，甚至因此喪失生命。」

王有光《吳下諺聯》說：「人不可以自棄，荒田尚有一熟稻也。」意思是，人生一世，要奮發圖強，不能自暴自棄，瘦田裡還有一次豐收呢！

無論從事任何工作都可以，應該在工作、興趣上找出生活的意義，努力掙脫對人生的無力感，過著有意義的人生。

「下雨也罷，放晴也罷，可有可無，生也空空，死也空空。」此意境之心情開朗大方，何等重要。

41 觸及生命的根源

生命者，一切財中之第一財。

日蓮・事理供養御書

一般人提到坐禪，大都認為是穩定我們的心。集中精神的方法，但畢竟這只是方法而已，真正的目的應是解脫我們受束縛的心，掌握真實的人格思維。

那麼，該如何才能進入這種境地呢？

禪語中有一句「說似一物即不中」（專說一物就說不中），這是唐代的禪僧南岳和尚（六七七～七四四）曾經向他師父六祖慧能請教時所說的話。

師父問南岳：「你從那裏來？」「我從嵩山來！」對方繼續問：「何物如何而來？」結果南岳一時答不上話。

可是經過長時間修行之後，南岳終於領悟什麼是「何物」，所以正確答案是「說似一物即不中」。

也就是說，開始說明何物之為何物時，立刻脫離該物。換言之，在掌握真實以前，應以真實為目標，但掌握真實以後，就應趕快脫離而去。

這裏所指的真實也可改為生命的根源，觸及真實，這是屬於體驗的世界，自然科學也無法證實。

歌德在《浮士德》中說：「我要以自己內心的自我去體會全人類，我要抓住自己精神中最高最深之處。無論是人類的幸福或悲哀，都堆積在我心胸，我把內心的自我，擴大到人類的自我……。」

也就是說，把它擴大到宇宙的範圍，使自己的自我和宇宙的自我合而為一，才能真正觸及生命的根源，並全心全意去體會。進入這種境地之後，才能坦率地體認「花紅柳綠」以及「眼橫鼻直」為極其自然之事。

有一首意境相似的詩，寫著：

一朵牽牛花，
配上微微呼吸般的微風——
使人執著地、靜靜地活下去。

當自己和大自然合而為一時，我們才能體會真正的喜悅。

42 拋棄驕傲之心以謙虛為懷

＊＊＊＊

斯等是經，不聞不信，則為大師。

法華經

＊＊＊＊

一個白手起家，創立公司或團體的人最容易專制獨裁。他的優點就是能夠為所欲為地營運整個團體。即使別人批評他是個獨裁者，他還是可以我行我素，指揮整個公司，使一個組織有效地朝同一方向邁進。

的確，一個採取民主合議制的組織，因為過於互相尊重意見，所以，要使眾人意見一致，不但煞費周章，無法指揮集團，而且容易互相推諉責任。

這兩種方式各有千秋，孰好孰壞，不能一概而論。但前者的獨裁體制，如果為首者有實力又有自信，難免過分信任自己，不肯採納別人的意見，而忽略現實，一意孤行。他身邊的人個個唯命是從，極盡奉承阿諛之能事，沒有一人敢進忠言，因為誰敢批評，不是被調職就被冷凍起來。所以，使他更專斷獨行，一旦發現出事時已經為時已晚。

生為組織之長，在崇高的理想下，貫徹自己的信念，這點固然沒錯，可是在這過程容易掉入陷阱中，也就是說，容易對自己的才幹產生自大心理以及把自己的才幹和組織的才幹混淆。

為了避免產生這種局面，身為人上人的管理者，應該經常虛懷若谷，掌握四周的現實，步步為營，才能邁向光明大道。

一位白手起家的董事長，採取獨裁方式經營。無論什麼芝麻小事，都要一一向他報告，凡事都要他親自批准，別人不得擅作主張。

董事長以身做則，比任何人早上班，比任何人晚下班。凡事率先實行，鼓舞員工士氣。公司蓬勃發展，昌隆一時。

但自從擴大規模，在各地設立分公司，增加眾多員工後，業績開始顯現失常，再加上金融風暴，經濟不景氣的影響，累積的赤字不斷增加，整個公司陷入危機。

員工中有心的人，看不過去，於是向董事長建議各種挽回的經營方案，但董事長大喝：「什麼話？怎可如此懦弱！」從此沒有人敢再進言。

雖然公司的經營惡化，但董事長的豪氣不減，態度依然如故。下屬誰提供忠言誰就被革職或調走，然後提拔新進員工，而且說到做到。在這種不按牌理出牌的政策施行後，員工士氣低落，公司的命運簡直就像風中之燭，搖搖欲墜。

大家都覺得可惜，因為這董事長若謙虛地聽取員工意見（姑且不論要不要採納），努力改善公司的風氣，也許就能起死回生了。

《老子》說：「捨其慈，且勇；捨其儉，且廣；捨其後，且先，則死矣。」就是說，捨棄仁慈，求取勇猛；捨棄儉樸，求取寬裕；捨棄退讓，求取爭先，就會招來覆滅。

《曾子．制言》說：「人非人不濟，馬非馬不走。」意指一個人沒有其他人幫助，就不能成功；一匹馬沒有別的馬一齊拉車，車輛就不能急趨。在在說明了群策群力的重要。

第三章　精神上的困擾

——怨親均利，自他同利（道元）

43 以當時的狀況論定人的價值

****

念佛心起時，同與攝取不捨利益。

親鸞・歎異抄

****

現在是什麼時代了，還要「念佛」，這思想太落伍了。

也有人認為佛教燒香味太重，進香拜佛，幾乎都是老年人的事，這種看法也有幾分道理，可是希望人人唸佛的佛教，果真這麼無聊嗎？

在此把佛教的一切歸納起來，從新探討其含意的真實性。

首先問一句：「你們有沒有真正痛苦或悲哀的經驗？」也許有人回答：「多得數不清！」也有人回答：「不！我從沒有這種經驗！」

不論如何，你本身最知道你幸與不幸。不幸的原因因人而異。因為偶然的事件，你遇到稱為不幸的心靈糾葛，也就是當我們面臨人生的末日狀況時，你會採取什麼態度呢？有人喝酒、抽菸解愁。有人大哭大鬧，找人出氣，無非為了早些掙脫這種僵局。也有人希望去旅行、看電影，忘了這些不幸的事。

的確這些都是解除痛苦的方法之一，但未免太消極了！

遇到這種情況，我們難免起疑問：「我到底該怎麼辦？」「我為什麼而活？」此時，我們不得不確實地自我省察，不得不慎重地考慮這些問題。如果對這些事嗤之以鼻的人，可說他和唸佛或佛教無緣。所謂唸佛就是使自己成為真正的一個人而活下去，同時也使人能靈活運用世上的萬物。

唸佛不外乎口誦「南無阿彌陀佛」，也就是活用自己和他人一切有生者。

美國心理學家艾立克．佛明指稱「專心一致的志向」其「志向」就是正確生活的目的。既不是被現實忽略的立場，也不是忽略現實的立場，而是活用現實本身。不是捨身為人，也不是捨人為己，完全是隨個人的能力和條件活下去。而這人類一切活動的分母就是「南無阿彌陀佛」，有時它是感謝、警告的響聲，有時也是勉勵、安慰的語言。我們不妨把這種狀態說為：

「時間是現在，地點在腳下，我們要活在永遠的生命中。」

其意是說，只有我們能夠人我共存時，才能有意義地去充實現實的生活。

44 明白可為與不可為的分際

知善因生善果，知惡因生惡果。遠離惡因。

涅槃經

一位知名作家和他的孩子約法三章，第一，在自立成人之前，絕不說謊。第二，絕不輕視殘障者。第三，己所不欲，勿施於人。他們全家都要履行這個約定，甚至無論何時何地，有何人在場，他都會毫不留情地斥責子女。

一般人都認為，現在孩子的教育太差，而且家庭、社會、學校互相推諉責任，於是孩子們在大人意見不合的間隙中，找一個可能最寵愛他的人依附，而且為所欲為。如此一來，那能培育出好孩子呢？

如果孩子的行為不適當，無論是雙親、他人或老師，都應該以愛心訓誡他，形成一致的協助體制，避免小孩有機可乘，尋求庇護對象，現在還來得及補救。因此，大家應該商量，什麼事對孩子是好的！什麼事對孩子是壞的，確立一個價值標準，然後以恩威並施的態度接觸孩子。

古時軍隊裏常有「慈祥如佛陀的隊長、苛酷如魔鬼的上士」這種說法，很符合行動科學的真理，對現代企業組織的維持和發展，是不可或缺的，也就是說，任何團體都要由它的維持機能和追求目的機能相互起作用，才能使企業組織周全的發展。如果強調前者，那是慈祥的佛陀，如果強調後者，那就是苛酷的魔鬼。在軍隊裏，軍官要負責維持的機能，而讓士官負責追求目的機能。

任何一個家庭，一定要有溫柔慈祥的母親存在，同時也需要嚴厲叱咤的父親存在，偏向任何一方都不好。互相配合、相得益彰，才能成為好的家庭。

我們本身也一樣，擁有慈祥的溫柔以及充滿智慧的嚴肅才能如意地處世。所謂「外柔內剛」，那是指無論站在個人或團體的立場上，都不能偏向內涵和外表，必須待人柔和，對自己嚴格，兼備阿彌陀佛的慈悲。

某演員在他父親病倒時，臨時代替他的角色，父親喘著氣告訴他：

「演得不好無所謂，應行宜得當，好好去做。」

所謂「行宜」並不是一本正經的禮貌，而是明白可為與不可為的分際。

45 人際關係由「誤解」形成

＊＊＊＊＊＊＊

世間之言行以私然思計，只想過事。衲子（註：修行僧）之言行，先證而定，勿存私曲。

道元．正法眼藏隨聞記

＊＊＊＊＊＊＊

二次世界大戰之後，東西德以及南北韓分別由盟軍統治，後來雖然獨立，可是東德和北韓被關入鐵幕，交流中斷，雙方隔閡頗深。

雖然同樣是分割，但德國和韓國有很大差異，從西德到東德比較容易，而東德的人也容易獲得西德以及自由世界的訊息。站在東柏林（東德首都）的勃蘭登堡牆門上，隔牆看西柏林，不但可一清二楚地看到聳立於六月十七日大道上的戰勝塔，而且可以自由收聽西德的電視和廣播，而自由地區的觀光客也絡繹不絕，我們常可看到法國或英國的車子進出。

另一方面朝鮮半島的情形如何呢？南北韓以三十八度線為界，互相對立和敵視，誰也不肯輕讓一步。在板門店的交涉也充滿殺氣，大有找對方挑釁之勢。至於廣播電視也是大肆炫耀本國而數落敵方的宣傳戰。南韓的人想到北韓去，簡直是夢想。

當然東西德和南北韓雖然同樣是分裂，可是其歷史背景不同，不能一概而論。可是客觀而論，德國人較成熟，南北韓則較幼稚。

不過這是隔岸觀火者的看法，也許實地置身於韓國，感覺到那股緊迫逼人的危機，就不會有這種悠哉的看法了。

佛教有句話：「如實知見」，意思是說，不要以有色眼光看對方，應該掌握實際才對。

有位作家曾說：

「人與人的關係，無非由誤會而成立。自以為了解之事，其實是誤會之事。一個人的性格，那是三、五年即可了解？再者，要了解自己需要一輩子的時間，而你是否了解自己呢？」

「了解」這名詞在英文叫做「understand」，也就是把對方的立場「stand」放在自己之「under」，要真正了解對方，就應該虛心地為對方設想。

46 以他人的眼光看自己

※※※※
欲求無上之果，以彼先我後之思為思，利他忘己之情為情

空也．祈願文
※※※※

我們無不最愛自己，盼望自己一切如意，可是這世上不如意之事十有八九，在不如意事來臨時，我們再怨天尤人也無濟於事。

為了待人處世能順遂，我們不應犧牲別人，自己享受，應該以別人的喜悅為自己的喜悅。看著別人受痛苦，自己獨享利益，那能體會真正的喜悅呢？

這個世界並不是以自己為中心。如果以自己為中心而活動，難免做出無理之事。如果我們把自己的觀點做一八〇度轉變，從整體立場觀察世界，我們就能了解自己有多自私自利。

最近到處都設立野生動物園，那裏野獸和飛禽在廣闊的場地中自由生活，而人要進入稱為籠子的汽車裏才能參觀，也可以說我們在狹窄的籠子裏供動物們參觀。同樣道理，為了和別人和好相處，必須以別人的眼光看自己，把自己的觀點當做別

人的觀點，一定會產生良好的結果。

把自己隔離，以外界眼光看自己，這種看法可稱為「離見之見」，只要自己能客觀地觀察自己，就不會做出「以鄰為壑」的事。

到國外旅行時坐飛機，在飛行中往下看，常會把腳下的人想像成螞蟻一般，為芝麻小事爭得面紅耳赤，甚至互相戕害。讓人感慨地想，人的心胸為何如此狹窄？可是一旦自己回到地上，馬上就忘了在空中所想的事，也成為螞蟻的一份子，為了一些瑣事而時憂時喜。

詩人曾經描述這種差勁的人：

探我心中，說來可恥，

只有那些最愛自己的思惟，在那裏蠢動。

蒲松齡《聊齋志異．高序》中說：「雙瞳如豆，一葉迷山。」

意指，眼光短小如豆，一葉遮眼，就不見泰山。比喻眼光短淺被細小的事物迷惑，就看不見全局和整體。

47 敵人就是一種「限制」

✻✻✻✻ 怨親均利，自他同利。

道元・正法眼藏 ✻✻✻✻

一個人死後，即使他生前曾犯滔天大罪，我們仍然會哀悼他、供奉他。日俄戰爭後，為祭悼俄軍戰亡的士兵，日本在旅順建立弔魂碑。第二次世界大戰後，也在各地建立慰靈碑，祭悼美日兩國的戰亡者。為敵軍慰靈的想法，歐美人士很難理解，其實依照「對事不對人」的佛教慈悲精神而言，這極其自然。

最近有很多人對於自己不喜歡的人，也不深入考慮自己不喜歡的原因就把他當敵人看待，而且拒絕他或藐視他。如果只是想：「這人真討厭！」這還無所謂，但如果發展為怨恨之心，情況就嚴重了。

一個有良知的人，了解人類是脆弱而愚蠢的，所以，心生憐憫之情，懂得饒恕別人。然而一個個性倔強或把自己主張視為絕對的人，往往無法接受想法和自己對立的人。這是他們的怪僻。

文藝評論家說：

「敵人不外乎是一種限定而已，其實，反過來自己也被限定，我們要避免陷入這種死胡同。」

要寬恕死去的人很容易，可是要寬恕活著的人就不容易了。我們應該要有更寬大的心；把活著而可恨的人當做自然的存在。

耶穌基督曾說：「你們常聽說『愛鄰居，憎恨敵人』，可是我想告訴你們，你們應該愛敵人，為你所迫害過的人祈禱。」（馬太福音五．四三～四四）

以基督教這種不分善惡，拯救對方而拋棄另一方的二元論而言，容易變成偽善之愛，愛一個有罪的敵人，等於為自己把對方推入深淵的罪惡感贖罪，才憐憫對方，這只是偽善之愛罷了。

無論什麼人，每個人都被尊重私人人格的權利，人與人之間，那能藉上帝之名隔成敵我兩方。彼此之間或多或少都有弱點，我們何不一開始就共識彼此都是有弱點的人，互相安慰，這才是應有的做法。

48 後悔莫及

****

取出各獅王之心，勿懼。獅王不懼百獸，獅王（註：佛）之子亦如是。日蓮．聖人御難事

****

各位有沒有在推銷員勸誘之下購買商品或投保壽險？雖然明知對方說得天花亂墜，必有陷阱，可是難免為那三寸不爛之舌所動，而買下本來不想買的東西，然後大呼上當，後悔莫及。

是否有難以拒絕別人，又無法履行而煩惱不已呢？

在這種情況下，必須好好思量，那些事是否真正值得答應，絕不可輕易回答：「好吧！」「yes！」然後後悔不已。

在沒有必要或理由答應對方時，應誠心誠意，甚至以毅然的態度拒絕。如果你優柔寡斷，對方就認為有隙可乘而為難你。

很多人心想，如果拒絕對方，恐怕在對方心中留下不好印象，甚至被他怨恨，所以心不甘情不願地答應。

沒有堅定自己的立場，向對方言聽計從，後悔的終究是自己。

也有人該向對方說：「不！」或「No！」時忍住不說，後來埋怨自己遭受不利，把責任推給對方，數落對方，這是種卑怯的行為。

評論家說：

「國人畸形得最厲害的，就是在眾人面前說話時，無論心裏想說什麼，總是心想應該先說什麼話才好？」

「看來大家或多或少都有一些絲毫不思考自己真正該講的話的傾向。也許有些人心裏是有思考，但後來卻想不出，或者偶然想過，最後脫口而出的話卻正好相反。」

「也許就因為這個緣故，所以極其平凡的談話或呆板客套的寒暄，在任何情況下都可以行得通。當然國人也不是經常不說自己想說的話，而是在緊要關頭或不得已的情況下才會說出心裏真正想說的話。」

這都是自己沒有意見或沒有把自己意見明白告訴對方所造成的，為了避免引起誤解和彼此的反感，我們應坦白地表達自己的意見。

49 四海一家心連心

＊＊＊＊

思吾心善，思世人善，未必為善。然而，忘人目、捨心順佛教而行。 道元・正法眼藏隨聞記

＊＊＊＊

開發國家的大都市，常陷入不健全以及精神萎靡的深淵裏。

據說，美國第一大都市紐約有五十多萬人，可是十五人之中就有一人罹患性病。痲藥中毒病患多達十五萬、平均一天發生四件殺人案、十一件強姦案、二百十三件強盜案以及一百十二件傷害事件。但這並不是這個都市的特殊情況而已，紐約還是全美十二大都市中，犯罪率排名第八的都市。

在台灣很多都市的犯罪率也節節升高，雖然還不能和美國相比，可是最近窮兇惡極的犯罪事件也不斷增加。

愈文明的國家這種傾向愈明顯。原因很多，但最主要的是人與人之間的感情淡化，為了滿足自己的慾望，往往不顧慮到別人。一走到外面，誘惑的魔鬼就隨時等著你，除非你有良知和很大的自制力，否則你很難拒絕誘惑。

當然大都市也有好的一面，大家都不必為別人而顧及面子。育樂設施齊備，可以充分享受自由的樂趣。只是事事都要花錢，要生存下去不容易。不過最重要的是，都市人無論將來住在何地，都應該加深和當地人的連帶感，在彼此的交融中尋找樂趣才對。

有一位女大學生說：

「有一天，我在一個不算都市也不算鄉下的車站裏坐著，看著上下火車的人們，後來看到一個小混混般的青年，他站在月台上，有些心神不寧。正當那輛火車要開走時，有一位老人，好像買了便當，從皮夾中拿出幾張鈔票，在交給那賣便當的小販時，有一張從皮夾中掉出，而且掉在月台和火車之間，在場的人只是『哇！』一聲而已，默默地站在那觀看。當火車即將起動的一瞬間，那小混混般的青年，一邊看著月台下，一邊說：『是一千元吧！』就從口袋裏滔出紙張樣的東西交給那老人，老人說一聲：『謝謝你！』這句話很快被火車聲掩蓋，但那男子卻若無其事的離開了。」

在人心不古的世界裏，還有這種親切的人，真令人意想不到。

50 即使被埋怨也要貫徹自己的勇氣和信心

＊＊＊＊與其曲意喜人，不如剛直忌人。

洪自誠・菜根譚＊＊＊＊

現在好像體貼對方，討別人喜歡，性情溫和的人很吃香。父母對子女；老師對學生；政治家對選民；老闆對員工和顧客，總是曲意迎合，順從對方，想得人望而保身。因為人們習於這種風氣，自以為任何問題都可迎刃而解。所以，偶爾出現有骨氣的人，往往嚴厲批評，甚至討厭他、拒絕他，和他保持距離。最近因為怕對方採取這種態度，所以雖不情願，還是唯唯諾諾的人很多。

當然並不是有骨氣的人都是對的。有些人是為了炫耀自己而故意和別人唱反調，這是偏頗的骨氣。在此所謂的有骨氣，是不論別人說什麼，以牢不可拔的信念和說服力去指摘對方的是非，這才是有骨氣。

日本禪僧山本玄峯說：「真正的親切有三種，那是親切、深切和辛切。」我們常以為，溫柔對待別人就是親切，其實為了對方設想，有時應該提出逆耳的忠言。

如果怕得罪別人，只做表面功夫，一味地討好對方，對雙方都不好，而且對事態也沒有幫助。

日本前經團連元會長石坂泰三說：「不使對方感到不愉快而說不，才夠資格身為經營者。如果讓對方有不愉快的感覺也無所謂，這是有勇氣的表現。凡事都答應而說是，這種事太簡單了！」

元朝張養浩說：「身為領導者，必須有任勞任怨的精神。」那是說，一國的領導者，為了使國家社會永久生存，必須有勇氣和自信貫徹自己的意志，即使遭人怨恨也無所謂。

以美台間貿易磨擦問題而言，台灣代表因為怕觸怒對方而受到制裁，所以，凡是美方提出的條件，全部一一接受，甚至不考慮自己的立場和情況，這種作風真令人不敢領教。

可惜的是，美台之間的糾紛，沒有一個機構能居中調停和裁決。既然如此，我們應該更努力，互相超越國家和企業間的利害關係，依據做人的道理行事，該主張的，應堅持主張，該忍讓的，就應忍讓，有耐心地找出互相可妥協的地方。

51 心胸寬大才能誇獎別人

****

受愚人誇獎是最大恥辱。

日蓮・開目抄

****

任何人在被人誇獎時，絕對不會生氣。所以，會做生意的人，會刻意誇獎客人的外貌或攜帶物品，藉以討好對方，使對方明知是奉承，卻不知不覺地被迫買下不需要的東西。

一個自尊心愈強、愈倨傲的人，愈容易上當。不分古今中外，每個人都如此。法國的道德家拉盧席佛哥說：「這世上聰明的人不多。真正聰明的人不會因受人讚美而沾沾自喜，他會把別人的責難當作苦口良藥。」

並不是說不要誇獎別人，應該責備別人。如果我們發現對方的優點，還是要心胸坦然地讚美他。假使做不到這點，只知道一味地數落別人，等於告訴別人，自己的心地是多麼地狹窄。

受人誇獎而沾沾自喜的人，表示他的行為幼稚。我們應該把別人的讚美當作是一種社交禮貌，應自重自愛，謙虛地自我反省才是。如果能發現別人優點而大加讚揚，那是再好不過了。

有一位擔任一班放牛班的國中導師，他發現上課時間，學生總是交頭接耳，根本不像上課的樣子，他雖然不斷地警告和責罵他們，可是效果不彰，使他幾乎束手無策。後來仔細思考，要如何才能使全班納入正軌，好好聽課。結果他讓全班同學各自選擇自己最拿手的功課或工作，然後按這些功課和工作讓他們自由分擔，甚至老師也參加一份，在付諸實行後，本來如菜市場般吵鬧的教室，馬上鴉雀無聲，上課情緒也很好，在老師誇獎他們幾句之後，同學做得更起勁。

可是有一位學生自認為沒有一項拿手的事，覺得上課無聊，所以常請假，後來老師派他擔任擦黑板的工作。起初他似乎不太情願，可是後來他發現，如果他沒有去擦黑板，整個班級就無法上課，於是他開始有了自信，認為這件事只有他一人做得好，很有成就感，從此以後，高高興興地接受這份工作。

這些例子也許極端，而且不一定能達到好效果，但沒有採取責罵的方式，反而誇獎他們，這是讓學生學習自主性的好例子。

52「氣魄、殺氣、殘心」

＊＊＊＊
活在世上如行屍走肉，那能隨心所欲，發揮自我呢？
至道無難．語錄
＊＊＊＊

青少年的不良行為漸趨嚴重，大家都認為必須改善教育荒廢的情況。提到改革教育，無論改革的制度如何?當事人、家庭、父母和老師的心態沒有改變，終究還是空談。

為了避免紙上談兵，我們該如何做呢?孩子們每天看著我們生活，受到潛移默化的效果。在學習和教育方面，如果授教者和受教者是一比多數人，效果則不彰，也就是說，現代教育缺乏的是，一比一的面對面教育。

古代武士們有一種秘訣，老師常向徒弟傳授「氣魄、殺氣、殘心」。所謂武士道就是以劍對敵的勝負，不是輸就是贏。只能二選一，輸了等於死，因此，當然要有一決生死的氣魄和殺氣以及結束後，反省這次比武含意的殘心。「大死一番、絕後而甦」這種武士道精神，難道不能應用在我們的教育上嗎?

目前做父母和教師的，開口閉口教育荒廢，可是本身卻缺乏改善的魄力，如隔岸觀火般，以為別人會去做，自己則疏忽而不以為意。

我們平時都有這種經驗，如果忽略現在該做的事，即使沒有嚴重到喪命的地步，後果總是不太好。

有人提到打網球的心得：

「這一球是絕對無二的一球，因此身心都要投注在這一擊上。我們在一對一的擊球中磨練球技、鍛鍊體力、培養精神，從這一擊中發掘現在的自己，這才是打網球的心得。」

因此，不論父母或教師，應把小孩看成一對一打網球的對方，每一球都要認真、親切地打，同時培養自己，使他們也能反擊。

《資治通鑑》卷六說：「凡百事之成也在敬之，其敗也必在慢之。」它告訴我們，一切事情所以取得成功，是由於能夠嚴肅認真地對待它；而失敗的原因，在於辦事輕慢、懈怠。

53 喜悅和悲哀的心

鳥蟲啼而無淚，日蓮不啼而淚多。

日蓮．諸法實相鈔

坐捷運有時讓人很感慨，因為常看到車子進月台時，只要車門一開，大家就一窩蜂擠上車，甚至搶坐位。這簡直是一場戰爭，使人看了很難過。

以年紀一大把的中年男女為首，連一對對的親子都睜大眼睛搶座位，那種情景就像地獄、餓鬼的繪圖。母親為了替孩子搶位子，到處奔波，一有空位，做母親的就說：「這有空位！快坐下，免得被搶走。」

像這樣，以孩子為藉口搶座位，對四周人不屑一顧——這絕不是等閒的事。為什麼大家會如此自私自利呢？為什麼大家只想自己好或親人好就可以？

固然，這是一個競爭苛酷的社會，一刻都不能大意，所以我們都疲憊不堪，這種心情是值得諒解的，可是並不限於自己如此。

出外旅行時，常會遇到令人意想不到而有愛心的人。例如，當你和朋友要一起合照時，附近有一位先生走過來，微笑地說：「我替你們按快門吧！」或者在寒冷的天氣裏，公車一直不來，有一位老太太說：「會感冒的！」然後端了一杯熱茶來，他們是多麼地有愛心。

同樣是人，為何在心態上有這種天淵之別呢？所謂一個堂堂正正的人是指，不拖累別人，做好自己份內的事，而且還要顧及別人，反省自己有沒有困擾到別人，這樣才是堂堂正正的人。

松居桃樓在他著的《克服死亡三十日》中有下面一段敘述：

「使人臉上失去笑容的種子，即使是一顆而已，也不要播種。反過來說，微笑的嫩芽，即使再小，也要好好培育。只要不斷履行這兩件事，就是一個好人。人應俱有隨時隨地能向別人微笑的一顆心。所以，人生中一切重要的事，都涵蓋在這幾句話裏。」

到底我們是使別人微笑呢？還是使他們感到悲哀？

《聊齋志異．高序》中說：「非天道憒憒，人自憒憒。」它正告訴我們，自然的規律是無法使人昏亂的，人的昏亂是由自己所造成。

54 適時的批評與鼓勵

＊＊＊＊

惡事向己，好事與他。忘利利他，慈悲之極。

最澄．山家學生式

＊＊＊＊

任何人都不喜歡挨罵，相反的，受到別人誇獎，心裏就很高興，這是人之常情。人是感情的動物，同時也很脆弱，我們常為了一些應酬上的語言而一喜一憂，因此，我們應避免有刺激別人感情的言行。

尤其對成長中的幼兒，父母或周遭人的言行必須謹慎，並多鼓勵他，培養他的發展性。

曾向某幼稚園兒童做問卷調查。發現幼兒最討厭父母嘴上說的話，排名前八名的分別是「滾蛋！」「混蛋、傻瓜、白癡！」「笨手笨腳」「把東西收拾」「討厭」「愛哭鬼」最後是「直呼名字」。

反過來說，最高興聽到父母親說的，前五名是「你又乖又聰明」「你真可愛」「謝謝」「做得真好」「真是好姊姊（哥哥）」等等。如果傷到孩子的心，這惡劣的影響會一直跟隨著他，等長大成人後就成為一個乖僻的人。

話雖如此，如果不停地誇獎他，將使他不懂得分寸，所以適度的誇獎很重要。另外在責罵小孩時，必須讓他知道為什麼挨罵。同時父母以及四周人也要以身做則，確實實行，小孩才肯聽話。然而一般而言，大人責備孩子並不是為他好，而是藉機發洩罷了。

不是口頭上的客套話，而是衷心的誇獎別人，這才是心胸寬大的人。世上沒有人是十全十美的，任何人都有缺點，但有些人卻專門挑別人的不是，自己卻陶醉在無知的優越感中，這種愚不可及的作風，只不過更加暴露自己的愚昧罷了。

因為一個人能夠承認別人的優點，自己才能見賢思齊，所以一味地數落別人，等於放棄受別人誇獎的機會。

《後漢書．光武帝紀上》說：「反水不收，後悔無及。」意思是，潑出去的水再也無法收回來了，說錯話，做錯事後悔也來不及了。比喻人應當慎於言行。

《管子．法法》中說：「矜物之人，無大士焉。」正告訴我們，對人驕傲無禮的人，不是有出息的人。

55 不讓鬚眉的女強人

＊＊＊＊女人身事應隨物而隨物。日蓮・兄弟鈔＊＊＊＊

打開報紙，總是桃色新聞不斷。因為男女之情的糾葛，一聽要分手就怒火攻心，時而傷害對方，時而把對方殺死，這種事情層出不窮。很多案件都是女人怕心愛的男人拋棄她，不但以身相許，還作奸犯科，賺錢供他揮霍，結果被拋棄才發生這些不幸的事。

有關這些男女之間的糾紛，追根究底都是男女的性愛所致。吃定女人的小白臉固然可惡，輕率以身相許的女人也是咎由自取。

所謂「男人知恥而亡，女人為男人而捨命。」或說：「當女人把自己完全奉獻給男人時，自以為整個世界都給他了。而男人卻覺得是一份玩具而已。」可見女人在發生超友誼關係後，往往無法控制自己，對男人百依百順，死命依賴著對方，自以為可愛又可憐。可是有些男人會覺得負擔太重，想逃避現實。被男人拋棄時，很多女人氣憤不已，數落對方，想和對方和好如初，無論男人到天涯海角都一味地追隨。如果是個聰明的女人會領悟自己已受人利用，毅然一刀兩斷，揚塵而去。可是一般女人卻執迷不悟，在痛苦的深淵中掙扎，無法斬斷這段孽緣。

過去女人一向被認為是弱者，必須服侍男人，所以她總是忍耐自重，過著低人一等的生活。可是現在規定男女同權，機會均等。受過教育的才女日漸增多，而且夫妻一同工作，在經濟上獨立自主，不再依賴男人。

在這種風氣下，長久被壓抑的反動心理，如洪水潰決般，女人們開始發洩她們欲求上的不滿，無論在社會或家庭裏都出現許多不讓鬚眉的女性。

這些女性有一共同的特徵，就是好勝，自己看不起男人又愛男人，卻期望男人給予過度的愛情。如果對方使她如願，則沾沾自喜，否則就責備對方，甚至找對方麻煩，只為了發洩自己的不滿，這是種變態心理。

這種蠻不講理，為所欲為的女人，也許她本人非常得意，可是一再傷害別人，總有一天會咎由自取。她們應該醒悟，凡事都有該做和不該做的分際，如果不懂分寸，一切怪恨對方，使彼此都受到傷害，這有什麼好處？只引來無謂的恥笑。

56 無價的「無財七施」

✻✻✻✻

解脫之味不獨飲，安樂之果不獨證。

最澄・願文

✻✻✻✻

推行民主主義後，所有人都有自由平等的觀念，私人的權利受到過多的尊重，結果使人們只享受機會均等的權利，卻不遵守義務，只想得到，沒有付出。在這種風氣下，大家變得自私自利，從不為他人設想。

對於補助金、保險金、賠償金和退休金等，拿再多都沒有異議，另一方面，稅款、捐款等，最好少繳或免繳，這是人之常情。但金額再少，也無法高興付出，留下「被拿走」這種不平不滿情緒的人，在外面一擲千金，在此卻小氣吝嗇，即便再多錢也沒有用。

在這種情形下，經常展開「取者」和「被取者」之間的攻防戰，如此一來，雙方的不信任感只會有增無減，所以我們應該改變這種作風，得到的人應態度恭敬，充滿感謝之意，付出的人不可打腫臉充胖子，更不可小兒科，那麼居中的金錢才能充分活用，達到捐款的效果。

在這種現實的社會裏，也許有人認為這是痴人說夢，根本不可能實現，但既然接受和付出的人都是人，何必為了利害關係而對立呢？應該彼此互相體諒對方。

佛教中認為，即使我們沒有金錢，也可以付出，這就是捨身施、心慮施、和顏施、慈眼施、愛語施、房舍施、床座施等「無財七施」。

所謂捨身施就是奉獻自己，親切地照顧別人；心慮施就是以對方悲喜為自己的悲喜；和顏施就是和顏悅色地對待別人；慈眼施就是以慈祥的眼看別人；愛語施就是以充滿愛心的話和別人交談；房舍施就是使對方安心；床座施就是把席地讓給對方，心中充滿謙讓之心。

這七施，任你人在那裡，隨時隨地都可做到，如果這麼做，一定使周遭氣氛開朗，而且皆大歡喜。我們總以為金錢才是價值的東西，從今以後，我們不是更應該重視這些金錢買不到的施捨嗎？

《菜根譚》中說：「人心不可一日無喜神。」就是要我們應當保持樂觀進取的精神。

57 「溫柔就是力量」

凡無慈愛於有生者，應知斯者賤人。

斯達．尼巴達

常看到一些傳道者在街頭上比手劃腳，高聲喊叫：「給世界和平！給眾人愛心！」他們的熱情，固然令人欣賞，可是仍然讓人懷疑他們真正有愛心、愛好和平嗎？任何人都可以口頭上吶喊和平！愛心！可是說得再動聽，如果他本人沒有付諸實行，等於畫餅充飢而已。

在大聲呼籲別人和平、愛心之前，何不伸出援手，幫助身邊有困難的人？即使你的能力有限也無所謂，只要能溫和地對他說句話、讓位子給他，或做一些可能讓他高興的事，這豈不更好。雖只是一點心意，卻能讓人感到溫馨，這些都做不到的人，那有資格大談和平、愛心呢？

一個下著毛毛雨的寒冷日子，一隻小狗在路旁，因為太冷而不停地顫抖。剛好一個小女孩經過，一看到牠就說：「好可憐哦！」於是立刻跑到小狗身邊，一把抱起。小狗大概掉進水溝裏，所以全身濕透了，可是那小女孩一點也不介意自己的衣服弄髒，並把小狗抱回家，打算把小狗擦乾，等雨過天晴後，再把它放走。

不知道眼見全身泥巴，抱著小狗回來的小女孩，她母親的態度如何？但想這母親能養育出有愛心的女孩，一定會誇獎她。不過也有可能說：「快把狗拿去丟掉！」

如果這事實發生在你身邊，你會採取那一種態度呢？由你的態度就可看出你是否有愛心。

某女星曾安詳地說：

「溫柔些較好，溫柔等於力量。」

漢．劉向《說苑．建本》說：「本不正者，末必倚。」意指，如果本源不正，其末必然是歪的。

動輒向人說教的行為，真令人不敢恭維，自以為有資格向人施教的人，未免過於狂妄自大。例如：和平和愛心，並不是教別人去做，而是要自己有所感，以自己的態度去表現才是。

58 你打腹側我攻面

＊＊＊＊

如難以在面前說，請在我背後說，以便使我改過遷善。

蓮如·御一代記聞書

＊＊＊＊

別人在背地裏說壞話最令人討厭，如果真有其事，還有話說，若是無中生有，惡意中傷，就令人無法忍受。

當找出散播謠言的人時，應付的方式有兩種，一種較倔強的人認為「星火沾身，那有不揮開之理！」於是衝到那人家裏，非要對方道歉不可。另一種人較懦弱，雖然不太甘心，卻不了了之，因為自己太懦弱，所以不斷埋怨自己。不論如何，介意別人在背地說壞話·都是他本人沒有自信、心裏不安的表現。

如果別人的謠言是無中生有，那就根本不必介意。保持先前的態度即可。既然你心裏介意，那表示無風不起浪，你一定是怕別人觸及自己的傷口。遇到這情況就應自我反省，改過遷善，並努力以赴。

把自己擱置而不顧，只懷恨背地說壞話的人，這種作風只有百害而無一益。即使你自以為無懈可擊，可是別人眼裏看來卻一無是處。所以，應該像開頭那句話一樣，不論是非如何都應該坦率地聽取別人的意見，並且有知錯能改的寬大胸懷。

《法句經》中說：「世上沒有只受褒或只被貶的人，不論過去、現在、未來也絕無僅有。這是自古以來的說法。沈默的人遭責難、多話的人遭責難，少話的人也遭責難，可見人間百態無不在責難中。」

所以，即使別人罵你幾句又何必介意呢？

如果無論如何不肯挨打，以下介紹一種報復方法，可值得你參考。

日本電器的創設人正力松太郎拜劍道名人中山博道為師，一段時期後，他發現他怎麼也擊不中對方的面部，心裏非常困擾，有一次他請教師父說：

「我想擊中對方面部，可是往往使腹部露空，讓對方有隙可乘，我應如何打才可擊中對方面部，而腹部又不必挨打。」

師父回答：「你應該這麼想，別人要打腹部就讓他打吧！我一定要擊中他的面部。」

這裏所說的「報復」，原來是發揮你的長處，不要介意別人的想法。

59 由有人緣之人到有為之人

＊＊＊＊＊＊＊＊

百尺竿頭（註：道理的盡頭）須進步，十方世界（註：眾生的世界）現全身。

無門慧開．無門關

＊＊＊＊＊＊＊＊

據說現在的年輕人最喜歡的稱讚話，除了聰明、漂亮、英俊等之外，就是「你很可愛！」一些演藝人員也儘想表現得可愛，舉手投足間就能集眾寵於一身，尤其是平易近人的作風，最受觀眾喜愛。

如果有這種人在身邊，你就會由衷地為他設想和呵護。不僅年輕女性如此，男性也一樣，無論你覺得可愛的對方是同性或異性，你都會為之著迷。有些演藝人員深知這層道理，故意表現他可愛的地方，可是不論如何，自然的「可愛」最重要。

其實「可愛」和「可憐」是一體兩面的。

只要是個正常的人，一看對方受困或苦不堪言時，就會心生俠義之心或母性本能，使你覺得坐立難安。對方愈楚楚可憐、純真可愛，愈顯得「好可憐」！此時你的憐憫之心油然而生。

如果對方面目可憎，驕傲自大，你絕不會想助他一臂之力。對方若比自己聰明完美，不但不想幫助他。反而心生嫉妒而遠離對方，縱使是心生敬意，可是有沒有愛心就值得懷疑了。

所以，我們應該互相體諒對方的難處，互相了解才能產生愛心，進一步使對方昇華到可愛的地步。不論對方是全然陌生或朋友、情人、夫妻、親子關係，如果高高在上，冷眼看人，作威作福的人，絕不會愛別人，也不會為人所愛，仔細一想，這種人不是很可憐嗎？

清．劉嗣綰《貽友人書》說：「人即至哲，必不能掩己之短，以兼人之長。」它告訴我們，最聰明的人，對自己的短處絕不會掩飾，而能學習別人的長處。

一個可愛或可憐的人，或許可以成為得到別人好感或引起別人同情的對象，但這絕不是他本身的實力使然，積極地影響別人、為別人貢獻自己，才能真正的為人所愛。所以，我們應當努力以赴，成為品格高尚的人，以便能影響別人，發揮自己的長處，為他人奉獻，絕不要只成為受人疼愛或同情的人。

60 永恆的友情和愛情

✻✻✻✻

有人忌男女之交，予曰：非佛道也，男女應相交。

至道無難．語錄

✻✻✻✻

一般人以為，修行佛道的人，必須齋戒，避免男女相交。但日本江戶時代禪僧至道無難所言卻非如此，他認為凡人和睦交往才合乎佛理。

雖然如此，但並不是勸男女互相縱慾，而是建立身心兩方面肝膽相照的關係，如一佛見一佛般的深交。

一對夫妻，妻子常向丈夫含情脈脈地說：「你真了不起！」丈夫也常向妻子說：「妳才能幹！」真是人人羨慕的好夫妻。現在已經很少看見這種甘苦與共、互相體貼的夫妻了。在日常生活中，互相尊敬、信賴，才是家庭美滿、與周遭和睦相處的秘訣。

這不只適用於夫妻之間，也適用於兄弟、親子、男女間和四周人的關係。只有互相觸及雙方生命根源的深交，才能成為異身同體，進而實現同事同情的共感世界。一般人認為「義氣相投」和佛教上的「唯佛與佛」——只有佛才能遇到佛的境地，其意相同。人們一同自私自利，為了滿足自己的慾望，犧牲別人在所不惜。可是即使你得到滿足，也得不到真正的喜悅。

偶爾聽到一位大學男生和他同學談話的內容。其中一人說：「A大女生適合逢場作戲，是玩樂的好對象，但不適合結婚。B大女生雇來當下女最好了，但沒辦法陪人玩樂。至於結婚對象應該找C大女生。」

如今男女交往非常自由，透過各種活動，男學生之間，暗地裏會考量女學生的差異，然後選擇最適合自己的對象，這是進步的現象。

無論男女交往或婚姻生活，如果對方的智能或興趣相差太遠，就和打網球的情形一樣，對方打的球不能打回去，就像是一場單行道的球賽，毫無意義。為了使一場球賽能維持下去，必須相互能打回對方的球，站在同等的立場上。

所謂「呼朋喚友」，必須求得義氣相投的對象，互相切磋琢磨，才是維繫友情和愛情的秘訣。

61 另有一人在看我

> 能被法然上人勸服而唸佛，即便以後下地獄不後悔。
>
> 親鸞・歎異抄

我們必須知道，平時有人在某處看守著我們，成為我們的心靈支柱。當一個人孤獨難耐時，很難找出生活的意義和價值。

無論是丈夫、親子、師生或友人都可以，只要身邊有真正值得依靠的人，就能帶給我們堅強的心靈支柱。然而我們身旁有這種人嗎？

「對人而言，夫妻的愛情如果不是互相容忍，就是本身真正的執著。」但是，沒有這種愛情和互相信賴的關係，同床異夢，徒具形式的夫妻關係何其多。

只要有真正的愛情和信賴感，即使對方不在身邊，那堅強的精神感應，也能成為心靈的支柱。

無論在高興或痛苦時，一想到有人在身邊陪伴，以最溫柔的眼光看自己，在任何地方都不會受到孤獨感的煎熬。親鸞在《臨終御書》說：「一人居喜思二人，二人居喜思三人，其一人為親鸞。」這是他給弟子的遺言。同樣道理，「一人居悲思二人。」或許你獨居，沒有知心朋友，也沒有熟人，常受到強烈孤獨感侵襲。不過，你可能發現，無論在何時何地，總有一個人在看護著你，從此以後，你再也不感到寂寞，而且過著快樂的日子。

明・高明《琵琶記》中說：「千金買鄰，八百置舍。」意思是，購買房子的錢只花八百，而購買鄰居的錢要花一千。比喻住家要有一個好鄰居，好朋友。

有一詩人因為心愛的妻子先死，在埋葬時聲淚俱下，哀痛欲絕。他在生前就寫下墓誌銘：

我們快樂地在此長眠，
經過一次邂逅而結合，
從此在短暫的人生裏為愛而活。
如今又悲哀的分手，
我八十成為一縷幽魂，
永遠陪她睡在這裏。

62 成功是負責所賜

※※※※※※※※

學道須離吾我，縱學得千經萬論，不離我執，即墮魔坑（註：惡魔的境地）

道元・正法眼藏隨聞記

※※※※※※※※

每年到了大學指考季節，家裏有應考學生的父母總是格外忙碌，為了使孩子考進有名或一流的學校，日以繼夜、勞心勞力，天下父母心，真令人欽佩。

應考學生本身也在激烈競爭的風氣下，無論如何要克服難關、貫徹初衷，奮發振作，做最後一刻的衝刺。然而他們到底為何應考？為何升學？有沒有明確的目標，這點頗令人懷疑。

如果因為進入好學校，將來容易就業，生活較穩定或是看到別人應考，自己也湊上一腳，抱著這種想法參加考試，簡直是浪費時間和金錢。即使順利考取學校，如果目的只不過為了面子或作為賺錢的手段，這種理由何其貧乏。

的確到學校上課可獲得知識和一張文憑，也可以學到一些技術。然而假如全為自己利益而求學，只會使他本人學得一些小聰明，甚至把聰明應用在狡猾的勾當上，對社會有害而無益。升學做學問的目的，並不是為了虛榮心或為了自我滿足而已。

不論是應考、就業、做生意或搶公車座位，如果全為自己利益奔波，絲毫沒有顧及他人，那麼，他只不過是個自私自利的人。

的確在自由的社會裏，有競爭才有進步和發展，但是，如果只為自己著想，不顧他人死活，那麼，這個世界就太可怕了。

我們的成功都是負責所賜，沒有負責就沒有成功。想到這裏，如果自以為是靠實力獲得勝利，得意洋洋的人，就是道地的冷血動物。成功和失敗者之間互相對立及仇視，最後發展為鬥爭場面，都是由此引起的。

所以，成功者在成功後應以謙虛的心情為他人設想，更應為使雙方更上一層樓而多方努力。

明．焦竑《玉堂叢語．義概》說：「生以義，死亦以義，何懼之有。」即告訴我們，為正義而活著，也為正義而死亡，有什麼可怕的呢？

63 言教不如身教

✻✻✻✻
一生成佛不可思，修行應為曠劫多生（無限長的時間）。

鈴木正三．驢鞍橋
✻✻✻✻

很多兒童在「物質」方面非常豐厚，想不到為了孩子教育而煞費心思的父母卻大嘆：「對小孩的教育一點信心都沒有！」

的確最近的小孩遇到人都不懂得打招呼，也不懂得向別人道謝，絲毫不在乎地失約、撒謊，對事物沒有集中力，這些都是父母的管教以及生活環境造成的，看來與其加強小孩的道德教育，不如先教育父母親。

一般搭捷運車時，慫恿搶位子的不是小孩子，大都是父母本身。像這樣缺乏公共道德，即使如何呼籲自重自愛都置之不理的人，就應該處之以法。

所謂言教不如身教，小孩最會模仿父母的一舉一動。父母本身行止不良。不論如何施教都徒勞無功，所以，必須從父母的再教育著手。

最近小孩的不良行為非常嚴重，大部份原因是小孩成長的家庭和社會環境所造成。無論你如何地大聲疾呼「孩子們學乖吧！」如果父母或成人給孩子壞榜樣，那麼孩子是永遠無法教育好的。

不管父母親是從事那種職業，首先應讓孩子了解父母努力工作的實際情況，讓孩子從中學習如何努力工作。當然這並不是一蹴可幾的，必須靠生活的累積，慢慢去影響孩子。

如果對這點教育都沒有自信，除非你一開始就不生小孩，否則被小孩拋棄也不必埋怨。當然如果有人抱著養兒防老的觀念，那麼，也就沒有資格為人父母了。

在混亂擁擠的高速公路上，很多車子都停滯而無法動彈，不過大部份的駕駛員都很有耐心地等待前面的車子起動才開。沒想到一些駕駛員完全不顧禁止行駛的規定，把車開在路肩上，而且一副得意洋洋的樣子。

固然誰都希望早一步到達目的地，但像這樣公然藐視法律的人，自己無法無天，破壞法律，根本沒有資格開車，應該嚴厲地處罰。

又如：抓飲酒開車者，在黑暗中埋伏如貓捉老鼠般地取締，不如到酒吧、餐廳門口等待，等喝得醉薰薰的客人一上車再逮捕他，效果不是更好。

第四章　工作的幹勁

——勿視容顏，勿嫌其非（道元）

64 為他人謀福利

不求自度，濟物為先，佛果等流，稱之大乘。
聖德太子．勝鬘經義疏

所謂「一年之計在於春」，春天是一年最先的季節，在這個季節裏，許什麼願或希望做什麼時，往往能決定你這一年的成敗得失。在計畫時，最重要的應從去年一年所做所為的反省開始。

也許過去有些事順遂如意，有些事遇到挫折和痛苦，這些事何以發生，我們必須探究原因，自我反省「今年絕不可再犯」，在這些經驗中吸取教訓，重頭開始，才能邁向光明的人生大道。

日本七世紀的聖德太子，是有名的政治家。他制定十七條憲法，而且皈依佛教，曾註釋適合女性閱讀的大乘佛典《勝鬘經》。在佛典中聖德太子說：「我們應該不計自己的利害得失，為世人奉獻，才是遵崇佛意，而且這種人才能得到幸福。當然不計自己利害得失，為他人奉獻是件難上加難的事，可是就因為是至難，所以才寶貴。成為最尊貴的行為。」

古時候德國有一王侯，為了考驗市民的公德心，特地利用深夜時間，搬來一塊大石頭，放在通向市區的馬路上，然後他派部屬一早就在暗處監視。

首先在天未亮路過那裏的是拖著貨車趕往市區的農夫，他差一點被大石絆倒，結果他嘟起嘴，罵一句：「真是混蛋，誰把大石頭放在馬路中？」然後繞過石頭而去。

接著是一個騎馬的紳士，他的馬差些被絆倒而跳起來，他生氣地說：「任由石頭落在馬路上，顯然是管理馬路的人怠慢職守！」然後邊說邊走開。

再接著是一個軍人，他被石頭絆倒了，於是憤慨地說：「怎可把石頭放在馬路上，最近德國人的公德心太差了！」他在抱怨自己倒楣之後離去。

最後通過的是兩個小孩，他們一看到石頭就說：「不得了了！石頭在這裏行人會被絆倒而受傷！」結果他們二人抱住石頭，把它滾向路邊，安置好後才離開。

那位部屬把一切經過情形一一向王侯稟告，王侯很高興地說：「是嗎？我想德國再過二十年會有轉機。」

65 「一言居士」證實心地貧乏

＊＊＊＊

一切眾生之禍由口出，因口為毀身之斧，滅身之刃。

報恩經

＊＊＊＊

凡事都要插上一腳，可是聽到別人意見一定反對的「一言居士」到處都有。這些人即使自己理屈也一概不認輸，一味地自我主張，讓聽者十分頭痛。

萬一你遇到這種人而批評他，後果不堪設想，他會惱羞成怒，徹底與你為敵，以他的矛鋒指向你，直到你屈服為止。遇到這種人，你最好敬鬼神而遠之，除非你讓步，否則最好逃之夭夭。如果你的上司、配偶、朋友等身邊的人正是這種人，你最好看開點，把它當作天災，凡事都回答：「對！你說得有理！」然後選一個適當時機，抽身而退，否則別無他法。

多嘴而脫口就罵人的人，是一種表現慾強，而且個性好勝的人。法國思想家拉羅得佛多在他的《省察和箴言》中諷刺地說：「一個有條有理的意見，仍然有人頑固地反對。與其說他們不懂事，不如說他們是自尊心做祟。他們認為，如今站在贊成一方為時已晚，無法起帶頭作用。所以改在反對一方，也就是『寧為雞首，不為牛尾』的心態使然。」

一個人想經常找別人麻煩，必須在語言上說得過對方。因此，他一開始就不信任對方，他的心是很貧乏的。既然必須如此徹底推銷自己，這表示他對自己毫無自信，也沒有實力。這點不外乎是他的自卑感所造成。

一個人自我主張慾再強，如果肯對自己的言行負責，不欺騙自己也不蒙騙別人，這是無可厚非的。

可是我們看到的卻是，陶醉於自己的主張裏，使用一切手段說服對方，使對方信以為真。到了必須為自己言行負責時，卻毫不在乎地推翻前言，好像不受良心譴責似的，這種人最可恥。尤其是現在的政治家或推銷員，最多這種人。

馬其維利在《君王論》中寫著：「人是最不知感恩的動物，陰險狡猾，遇到危險就逃之夭夭。跌倒了也不肯自己站起來，無論如何總要拖人下水才甘心。到了他必須付出及犧牲時，一定逃得無影無蹤。」

我們必須徹底注意這些人的言行，不要被迷惑，也不要輕易相信這些人的話。

66 將心比心

＊＊＊＊＊＊＊

行腳之人須具啐啄同時之眼，有啐啄同時之用，正可稱為衲僧（註：修行僧）。

圜悟・碧嚴錄

＊＊＊＊＊＊＊

當我們與人談話時，如果對方把臉別在一邊，或不了解談話內容，答非所問、敷衍了事時，我們一定會覺得很掃興。

如果是一人對眾人的演講或集會，因對方是不特定的對象，而且講的人是單方面演講而已，所以其中幾人打瞌睡也不會介意。但如果對方人數不多，或一對一、面對面的談話就會介意了。所謂談話，必須對方有所反應，遇到不懂之處，對方會提出意見或回答，如此談話才能成立。

這就像打網球的情形一樣，互相站在球場兩邊，把球打進對方球區，再由對方把球打回來，一來一往，才能維持長久，自己快樂，對方也快樂。如果我們發出去的球對方不肯接，這場球就無法順利進行，雙方也毫無樂趣可言。

開頭所說的「啐啄同時」這句話就是母鳥和雛鳥同心協力，互啄蛋殼。意味著雙方互啄般，溝通彼此的意思，這樣才能成為社會的一份子。

也就是說，當小雞要出生時，先由小雞在蛋殼內用嘴啄，接著母雞也從殼外向內啄，幫助小雞。當雙方行為一致，啄破蛋殼時，小雞才能平安出生。如果母雞太早啄蛋殼，小雞由於未成熟，容易形成早產。如果小雞在蛋殼中已經長大，但母雞未即時發現，而沒有幫助牠，小雞就會死在蛋殼裏。

所以，任何事情或行為，如果太早或太慢都無法成功。

這個母雞和小雞的故事是比喻要傳「禪理」的師父以及受教弟子的關係。不論師父再熱心教誨弟子，如果弟子提不起勁，這表示時機未成熟。反過來說，如果弟子有意，而師父不熱心，也無法成功地傳授這禪理。

這不僅是師父和弟子間的關係而已，我們人類的交往也是如此。互相推算時機，好好溝通，才是最重要的。

雙方意見不相投，對話就無法成立。能夠互相談話，友情才能加深，才能對對方有所幫助。

67 如何溝通

離妄語，常言真實，諦其語，夢其不妄語。
華嚴經

從前在一次日本天皇舉辦的園遊會中，天皇問東京大學時枝誠記教授說：「什麼話才能使雙方意識溝通？」此時教授回答：「不！語言根本說不通的！」天皇面露訝異的表情說：「什麼？語言不是為了互相溝通而設的嗎？」

的確語言是人與人間互相傳達意志最好的手段，但有時卻講不通。例如，「請你站起來！」「請你拿那本書給我！」這種簡單的話，對方能正確地掌握意思，按對方的話去做。但如果是稍微複雜的說話，就無法保證是否能正確傳達給對方了。

根據一份研究報告指出，有一次老師把自己講出來的話，讓學生背出來，結果發現老師講的話，學生有一半無法了解，理由不是老師的話太難，就是學生無心聽講，所以聽不懂。

可見講話的人和聽眾必須意氣相投，才能把語意正確地傳給對方。

另外，講話的修辭也很重要，一些微妙的差異就可能產生二種回答。一種是對方很快了解，毫無疑問地接受，另一種也許造成反感的情形。

例如「早一點睡吧！」這句話也可能說成「快睡吧！」「你要早點睡！」「還不快睡！」「我要你早點睡！」等，而聽者的感受也不盡相同。同一句話，雖然意思相同，但使用時要看對方立場再分別使用。

如果不懂得修辭，無論長輩或晚輩都說：「快去睡吧！」就會被恥笑，認為你不懂語言的禮貌。

講話時，我們要機警地察覺出對方的立場和當時的情況，有時應改變口氣，適當地表現。

話雖如此，我們又不得不使用語言作為傳達意思的手段，既然非使用不可，我們最好以對方能懂的簡單語言表現，以傳達我們的誠意。

語言會使一個人啼笑皆非，使自己和對方意氣相投或格格不入，使人共同生活，使一件工作順利進行或行不通，因此，語言很重要，我們不能忽視它，應重視它，因為惟有人類才擁有語言。

68 不畏責難地朝向目標勇敢邁進

＊＊＊＊

見演說無上菩提之師時，勿觀種性，勿視容顏，勿嫌其非。

道元．正法眼藏

＊＊＊＊

不分古今，要完成轟轟烈烈的事業或成為人上人，必須成為不畏責難的人。特別是像我們所處如此閉鎖的社會，只要遵從一般人的習慣，做些和別人相同的事，最平安也最安全。然而如此一來，往往一事無成，為了顧及體面，看四周人的眼色而行事，最後過了無謂的一生。

但也不是說你要完全反對別人的所作所為，我行我素，一味地自我主張和自我行動。而是要你有牢不可拔的信念或實力，認為對他人、對社會有利才可以做。

《我的人生訓》中寫著：「如果要做些和別人不同的事，一定要受批評和責難。如果別人不再責難你，那表示你的想法和做法已和一般人相同。所以，受責難才有運動的意思，但是，也不要受到所有人的責難。」

也就是說，這世界的進步和發展，經常是經由改革現狀的人們所造成的。

英國的評論家華特．帕斯保特曾指出：「人生最大的喜悅莫過於完成別人認為你無法做到的事。」

我們應該有認為自己必須做的使命感，不要在意別人的責難，朝著自己的目標邁進。當然，這種使命感不是向別人炫耀或者得意洋洋地做給別人看。而是要默默地耕耘。如果這麼做之後，為人探知或羨慕和嫉妒，招來責難，你可以不聞不問，毫不受挫折地完成你該做的事，這樣對社會才有貢獻。

釋迦在世時，也有人因為他深獲眾望而嫉妒，於是在眾人面前謾罵他，可是釋迦無論別人對他如何謾罵，都一直保持沈默，處之泰然。

當對方說累時，釋迦說：「朋友！如果有人送出贈禮，對方沒有收，這份禮該屬於誰？」

對方不加思索地說：「那當然是贈禮的人。」

釋迦再問：「不錯！剛才你罵了我，而我不收，那麼這份禮該屬於誰？」

對方於是窮於回答而閉了嘴。最後他領悟了自己的不是，向釋迦道歉，並發誓以後再也不誹謗別人。

69 「唯有信者得利」

何況，下凡初發心之人利生而障多。

叡尊·聽聞集

根據調查，大多數國民擁有中流意識，也就是大致滿意個人的生活，但他們感到稅捐太重，有不公平的感覺。其中令人感到訝異的是，幾乎每人都認為自己很吃虧，擁有被害者的意識，可是沒有一個認為自己的稅捐負擔過輕。

如果有人真正傻到那種程度，稅務機構會很高興地派人來徵稅。一般人會說：「這傢伙不是在做秀，就是賺了不正當的錢，為了贖罪才這麼做。」總之都有罵他的意味存在。

可是對於稅金或捐款，大多數人並不慷慨，不論經濟上再富裕，可以為一時高興一擲千金而在所不惜，可是對於稅捐就變成徹底的小兒科。不是臉色難看，就是希望能儘量減少。而且不論交出的稅款多少，也不會高興地交出，難免出現「被拿走」這種不平不滿的情緒。

當然，也許是對於稅款的用途及去向不明瞭，心裏產生不信任感，所以，一塊錢也不願徵出去。

這種心情無可厚非。另外也有人覺得不公平，只有自己多付了稅款。因為徵收機構過於龐大而官化，被徵來的錢，用到何處不清楚，也沒有人直接道謝：「我很感謝你！」如此一來，負擔稅捐的人，總覺得實在不是滋味，所以，才會產生這種不平不滿的情緒。

尤其近年來，個人權利過於被尊重，結果人們乘機加以利用，忽略了該遵守的義務，只追求自己該獲得的權利，該付出的不懂得付出，可是該得到的，卻照單全收，這種風氣非常盛行。當然在經濟上連明天的生活都有問題或找不到工作的人，應該要減輕賦稅，在福利方面要為他設想。但是，如果所有人民都不肯慷慨地捐出稅款，也不肯為別人奉獻和施捨，一味追求自己的利益，其結果會如何呢？

這點也適合從事工商業的情況。如果每一個企業家都忙著賺錢，獨享利潤，不肯分享或回饋顧客，顧客會如何呢？賣方得不到買方的信賴，這種企業絕不會賺錢，即使靠一時的幸運或不正當手段而大撈一筆，這種利益絕不會維持長久的。

70 保持年輕的秘訣

＊＊＊＊
參師聞法時，淨身心、靜眼耳，身心一如水瀉於器。

道元・學道用心集
＊＊＊＊

學生們不曉得是電視娛樂節目看太多，有許多人在上課時，聽到有趣的話就會注意聽，但講到最主要或嚴肅話題時，他們就塞住耳朵，別過臉去，開始和鄰座同學談話。

有些話聽不進去這點，不限於學生，一般人也一樣，提到快樂的話題或贊成他的意見，他就高興地聽，可是改說信仰或學說，立刻充耳不聞。耶穌說：

「我向你們吹笛，你們不跳舞，我們向你們舉哀，你們不捶胸。」

所以，這種情形似乎不分古今。西藏喇嘛教也認為：「弟子準備妥當，老師才出現。」難道我們應該充耳不聞，連師父都不要了嗎？其實愈是逆耳的話，愈應側耳傾聽才對。

最近常聽老師們說，稍微嚴格一點罵學生或責備他們，他們就把臉別過去，不肯再聽課。可能是在家裏被寵壞，一向我行我素，若有什麼不如意或不順心就一味地逃避或顯得一副不在乎的樣子。實在令人替他們擔心，將來他們踏入社會後，是否能適應這個社會呢？

一般人認為，保持幹勁的秘訣就是要有好奇心。在這世上，我們所了解的事不多，即使再加倍用功，尚且不足。雖然如此，他們還是充耳不聞，自我滿足，毫無進步可言。

日本知名舞者尾上菊五郎丈辭世時曾說：「還不夠！我要繼續跳，跳到天堂！」

可見我們當中，有人有眼不看，有耳不聽，有鼻不聞、有舌無味、有手不做、有腳不走、有頭不想、有心不念，雖有人的外貌，可是不能算是真正的人。

唐．吳融《贈廣利大師歌》說：「化人之心固甚難，自化之心更不易。化人可以程限之，自化元須有其志。」意思是說，改造別人固然很難，但改造自己更為不易。改造別人只要有個模式就可以了，而自我改造則需要堅強的意志。

71 以慈悲和智慧的心培養孩子

＊＊＊＊

能總持之妙藥，一切重罪消，連拔無明之株杌（障礙物）。

空海·十住心論

＊＊＊＊

最近常聽做父母的嘆氣說：「為什麼我會生出這種孩子？」有些父母在孩子生下後，一直不如意，於是把孩子當眼中釘。等小孩長大，真的管不聽時，才跺腳後悔。這些父母們共同的想法是：「小孩是我生的，所以他們應該聽我的話。」可是，我們真的能任意創造生命嗎？

的確，一個生命需要雙親精卵結合才能形成，可是生命本身就是宇宙造化之功，絕不是我們可以任意創造的。所以，小孩並不是父母的財產，而是上天所賜。父母親應該有好好照顧、養育他們的責任和義務。

在佛教中我們的年齡稱為享年，但不是從出生後滿數算起，而是從懷孕期開始算，勸大家實行胎教。

也就是說，眼睛要經常看美麗的東西，耳朵要聽悅耳的聲音，鼻子要經常聞清香的味道。避免吃到刺激的東西，身體要保持安詳的姿態。心存正義，而過著心寬體胖的日子。

所謂「江山易改。本性難移。」也就是孩子在快懂事的乳、幼兒時期，家庭環境對他的個性和才能的發展有莫大影響。在這重要時期，如果雙親都外出工作，把小孩寄在托兒所或其他保育機構，小孩容易發生親情缺乏的情形。由於這種匱乏狀態得不到滿足，長大後就會成為精神上有缺陷的人。

例如，美國最近才開始重視「鑰匙兒」的弊害，勸大家在小孩乳、幼兒期和小孩生活在一起。然而美國的母親和我國的母親不同之處就是，美國母親把小孩看成一個獨立人格的個體，嚴格養育，絕不寵壞。

反過來說，我國的父母往往把孩子看成本身個體的分身，如果對父母親言聽計從，就說他是好孩子，否則就斷定他是壞孩子。在這種觀念下，永遠培養不出精神上獨立的人。

所以要養育好孩子，不應耽溺於親子間的親情裏，有時要溫和，有時要嚴厲，以佛尊的慈悲和智慧心教育孩子才是正途。

72 凡人之「利他行為」弊多利少

應知海之不辭水為同事，更應知，水之不辭海所以德具足。

道元・菩提薩埵四攝法

宋徽宗有一次行幸揚子江畔鎮江的金山寺，登上寺的高樓，欣賞長江中來往的船隻，徽宗向寺裏的住持黃伯禪師說：「這麼多的船隻，到底有幾艘呢？」他立刻回答：「只有二艘。」

皇帝覺得奇怪，不解其意，和尚說：「一艘是名聞之船，一艘是利養之船！」意思是說，雖然來往的船隻眾多，然不是為了自己的名譽，就是為了自己的利益而奔走。這點和現代的情形一樣，那長江中來往眾多的船隻，就等於在馬路上絡繹不絕的車列和人海。不分古今，驅使我們活動，使我們感到生活有意義的，不是自尊心的滿足，就是利益的賺取，古今都是如此。

就因為風氣如此，為別人盡心盡力的人少，所以這種行為才特別有價值。

在這世上，多的是誇耀自己為別人盡力的人。實際上，誠心誠意為別人服務的人，絕不會輕易說出口。

如果心裏想：「我這麼拼命為社會，為他人服務，卻沒有人知道，也沒有人誇獎，至少應該有人向我道謝一聲才是。」

這種人比前述中大言不慚的人好不到那兒去。

開頭那句話就是要警戒那些人，告訴他們：「想為別人盡力，談何容易！凡夫俗子，下意識如此，反而弊多於利！」那是說，凡夫俗子在名利和利己主義的結合下，必定助長自己自大之心，使自己崩潰。即使他真有利他行為，也容易變成施捨，或為似是而非的利他行為。

當然也不是說，我們凡夫俗子不能有利他行為。為了充實自己的生命，體會真正的喜悅，必須以自己的喜悅為對方的喜悅，苦樂與共。如果做不到這點，為了繁瑣的事情，一心一意只想著自己的好處，結果就會成為錯誤、偏差的利他行為。

其實，利他行為絕不是自己的所做所為，而是因於謙虛的心情，肯求自己也能參與而已。《國語．晉語》說：「時不可失，喪不可久。」那是要我們緊緊抓住時機不能錯過，萬一錯過了，也不能延誤太久。

73 自我約束

拙者時忘約束之事。

日蓮・開目鈔

有作家平均每週擔任二、三份報章雜誌的專欄報導，每天絞盡腦汁，全力奮鬥。

截稿的日子終究會來到，既躲不掉，也偷懶不得。如果在這期間和其他工作重複或生病，漏過一節，會連累很多人，所以作家不得不確實去做。截稿日又稱為「dead line」，意思是說，到截稿日來不及交稿，自我和約定之事俱死。

為什麼作家要如此虐待自己呢？原來作家是個懶鬼，除非別人委派工作給他，否則他不會自己動手。他也知道無所事事，悠哉度日好多了，尤其是即使躺在家裏，睡兩三天，使頭腦和身體懶散到極點，也毫不在乎，所以，他一定要接受別人的鞭策，才會工作。

雖然他不會積極地去找工作，也不會推銷自己，所有的事都是別人所託的，可是只要別人有求於他，他就說不出「不！」自認為生平頗有可取之處，有生之年總要傳給別人，在這種心態的驅使下，終於答應下來。

既然已經答應下來，就應該克服萬難，確實在截稿日交出作品。

遵守一旦約定的事談何容易。下面就是遵守約定，以生命做賭注的故事：

大戰後不久，日本有一艘從常盤丸到瀨戶內海的聯絡船在神戶外海沈沒。該艘輪船出港時，有一個叫犬伏的中年男子在碼頭上偶然遇見一個女人，那女人告訴他說：「我有一個孩子，這是他有生以來第一次坐船遠行，希望你在船上好好照顧他！」當時他說：「好吧！妳不用擔心！」滿口答應。

沒想到他和少年一起搭的船在半夜遭受海難沈沒了。犬伏和少年同時被拋入又黑又冷的海裏，於是他抱著少年，不曉得游了多久？

所幸有一艘救護船駛到他們二人身邊，所以犬伏又費了九牛二虎之力游到船邊，確認那少年被救上船後，犬伏才放下心，可是他卻筋疲力盡地消失在海裏了。

到底現在的人有幾個人能像犬伏一般，為了約定而貫徹始終呢？

74 學習自立

人在世間愛慾中，獨生、獨死、獨去、獨來，趣在行至苦樂之地而得。

無量壽經

現今社會被稱為兒童的天堂，父母對小孩最寵愛，不僅一味地放任孩子，甚至使自己降到未成熟的低ＩＱ程度，以為和孩子打成一片就是莫大的喜悅。能證明這點的就是「嬰兒語」，例如，講手改為「手手」，講腳就改為「腳腳」。

由於寵愛小孩，讓小孩有求必應，所以一般父母總是對孩子的教育一籌莫展。在家庭裏父母無法管教孩子，於是期望學校老師予以管教，可是往往為時已晚，因為父母親的話都不聽，怎肯聽老師的話呢？

不分國籍，天下父母心，總是最疼自己的孩子。望子成龍、望女成鳳，人之常情。可是在小孩懂事以前應嚴格管教。當小孩做錯事時，應限制他，並誠懇教誨。因為此時孩子的智能尚未成熟，什麼事都不懂，如果一味放任，不加以管教，等於破壞了孩子的人格，把小孩推進找不到出口的深淵裏。

這段時期，只要父母為孩子確立一個好的方向，長大成人之後，就不會產生輕妄的個性。可是在這段時期如果聽其自然，讓孩子為所欲為，小孩誤以為自己所做所為是正確的，將來就無法改正了。

然而，小孩懂事後，父母只曉得說：「這個不對！那個不行！」或時而說：「快用功！快去做功課！」不斷地指責孩子，效果將適得其反，小孩會走以下兩條路，一是萎縮不前，削弱了他本身的自發性。二是向父母採取反抗的態度，因此只有百害而無一利。

要知道，寵壞小孩絕不是親情的表露，有時也要以毅然的態度教育孩子。想好好教育孩子。必先培養孩子的自立心。如果遇到孩子們打架，而自己的孩子打輸了哭著回來，或賴床上學遲到，或沒有去上學，功課趕不上時，父母親不可聽其自然，不去管他，應該藉此機會讓孩子學習自立，絕不要讓孩子自暴自棄。讓孩子在失敗及受恥辱中吸取經驗，才能養成不怕難的克己精神。

《管子．修权》說：「一年之計，莫如樹谷；十年之計，莫如樹木；終身之計，莫如樹人。」說明培養人才之不容易。

75 自墜於深淵中

＊＊＊＊

自心迷故六道之波動，心原悟故一大之水澄。

空海．秘藏寶鑰

＊＊＊＊

一般而言，提到勝負的事，不論比賽或遊戲，每個人都設法想贏別人。如果能輕易獲勝，無可厚非。但愈是急著想贏對方，而對方又非泛泛之輩時，反而容易敗北。所以在這個時候，我們不要一味地想前進，必須要考慮稍後退一步。

我們都知道，田賽跳高時，抽身往後退再跳，比原地跳效果更好。開門時如果打不開，不妨換個方向拉拉看，也許就能打開了。

再者如柔道或跆拳道，比賽時，即使自己已筋疲力盡，也可以利用對方的力量。反拖住對方而獲勝。因此如果你過份用力，反而使對方有隙可乘而被打敗。也是說，過分踴進，都是失敗之因。

一般人並不是不了解榮獲勝利或獨占鰲頭的心情，但要知道，這世上不如意事十之八九，沒有凡事順利之理。你打了人，應該體認到別人也會回敬你一拳。有時你應該有闊綽的胸懷，以輸為贏，甚至抱著敗部復活的心態。這不僅是件輸贏的事，你的人生也會產生這種問題。

詩人相田認為人生的根本就是失敗。他說：

「柔道的基本是受身，所謂受身就是不受傷而擊倒對方的方法。包括被人摔倒的練習，在眾人面前被摔在地上或練習在眾人面前失敗，也就是說，多練習在眾人面前被擊倒、受恥辱，顯出自己的醜態，這就是受身。因為在我們漫長的人生中，醜惡的失敗和恥辱，比漂亮的獲勝情況多。確實學會受身，知道失敗滋味的人才能成為人上人。因為他能忍耐這世上的悲苦，也能由衷地了解別人的痛苦，帶給世上溫暖。」

每個人都有好勝自傲的心理，因此，往往不願在別人面前失敗或受辱。然而墜落在深淵中，使自己有無路可退的經驗，才能從容地度過人生。

蘇軾《登玲瓏山》說：「腳力盡時山更好，莫將有限趁無窮。」意指，已走得腳酸腿痛了，但高山的風光卻更加迷人，還是量力而行，不要貪得無厭。比喻我們凡事量力而行，實事求是。

76 要有工作的幹勁

＊＊＊＊
諸佛只遊戲於此神通而已。
道元・正法眼藏
＊＊＊＊

有些人思想很單純，稍不如意，就產生需求不滿的心態，不肯自我反省，一味指責別人。如此一來，可能造成以下兩種情形，一是喧賓奪主，一是玉石俱焚。碰到這種人只好「敬鬼神而遠之」。可是由於你忽略他，往往造成他惱羞成怒，處處與你作對。

所謂「男靠膽量、女靠矯柔。」這是相承下來的道理。可是最近似乎情況改變了，很少看到盡本份的男人或女人。在對自己有利時向對方取媚，在背地裏卻陰險狡詐，這種污穢的男子何其多。外表打扮得花枝招展，內心殘忍如蛇蠍，居心叵測的女人也不少。

世間之事，皆有常理，但憑本能做事，為所欲為，和餓鬼、畜牲有何不同？一個餓鬼或畜牲，平時都裝模作樣，表現一副優雅高尚的態度，所以我們必須小心觀察別人的心地，以了解一個人的本性。

佛教中有句話說：「心猿意馬。」《梵網經》認為：「心馬惡道馳，放逸而難禁制。」另外《心地觀經》也說：「心如猿猴，遊五欲之樹而不暫住。」因此，我們的身心經常為情慾而燃燒，而且表現得非常熾烈，如果沒有鞭策自由奔放的自己，勒住繮繩，我們就不知狂奔至何處了。

所以，釋迦在《法句經》中說：「我道已休，無人可勝。」既然要做鬼，何不做工作的鬼，而不要做吸血鬼。

最近黑社會份子非常囂張。有些人看到他們裝模作樣的樣子而被吸引。也許他們有些小聰明，「武功不錯」、「很照顧別人」、「講義氣」、「勇敢、果決」，符合現代人講求的理想形象。可見心意不定、毫無規律的人何其多。黑社會囂張當然不是好事，然而現代人是否已經確立了否定它而超越它的道德，並付之實踐呢？

我們處在今日的時代，更應該遵守維持自己和社會秩序的真理和權威，謙虛為懷，克己自立。說來遺憾，在現代的社會中，已經找不到幾個為我們好而肯責罵我們的人了。

77 賓主之心

來者非我力，歸者非我志。

空海．性靈集

無論那一種菜，其可口的先決條件一定是，新鮮的材料、認真地烹飪，吃的人很健康，而且肚子很餓。擁有這些因素，菜餚才覺得可口。另外還要煮好之後，立刻端上餐桌。

有時，我們為了烹飪，奔波忙碌，收集材料，好不容易煮好菜後，如果沒有適時端上餐桌，無論味道再好，成為冷湯冷菜，就白費心思了。

即使是以一杯茶款待客人時，讓客人喝得津津有味才是最重要的。如果連這點都做不到，那麼，這種人無論做什麼事都不會成功。

提供服務的目的就是要使服務對象滿意，若相對的自己也得到滿足，那是再好不過了。一家生意興隆的商店，必定能以刻不容緩而細膩的心和無微不至的態度對待客人。相反的，生意不好的商店，一定時而時機不對，時而錯誤百出，使顧客感到不快。

我們應該再次反省，自己有沒有取得「時機」。

另外和時機一樣重要的是「三輪清淨」，就是主人（主體）、客人（客體）、請客的東西（施物）。例如，你為了討客人喜歡，拼命烹飪，煮好菜端給客人吃時，如果客人沒有真正欣賞說：「真好吃！」那麼你煮菜的苦心就白費了。當然也有客人非常滿意，而主廚本人卻非常不滿意的情形，情況各有不同。

《碧巖錄》中有句「賓主互換」的禪語，意思是說，賓主間自由換立場而皆大歡喜的情形。我們在作客時，一定要體會主人或烹飪者的心情，主人招待客人時，也應該了解客人的心思，彼此才能欣賞菜餚的美味，大家能高高興興地吃，賓主才能盡歡。

《論語．陽貨》說：「其未得之也，患得之；既得之，患失之。」意指，沒有得到時，害怕不能得到；得到之後，又害怕失掉。正說明了人們的得失心太重。

78 有個性的人和特殊的人

我佛法中，以心為主，一切諸法，無不由心。
心地觀經

認同社會或他人的風氣，這是保持社會平衡非常有效的生活方式，因此，我們不能完全抹煞它的價值。

但在另一方面，它卻是阻礙個人個性發展的生活方式。雖然別人做什麼，自己也跟著做什麼，最安全也最放心，可是這種作風會使我們放棄自己原本想要做的事，並且凡事以不做不錯的心態行事。要自我主張，難免顯得突出，因此我們必須有勇氣忍受別人的批評和責難。

一般人所說有個性的人，很容易給人突出的印象。認為是無論外表、思想都是獨創一格、出人意料的人。鬧區裏常見奇裝異服的年輕人，就是最典型的例子。他們的外表的確非常怪異和奇特，可是他們真的有個性嗎？

所謂有個性的人是指他本人擁有獨特的本能和思想，無論他本人有沒有意識到，可是仍然能自然地表露，而且帶給別人良好的影響。這是他透過平時努力的累積所創造的。

一個沒有真正個性的人才會去彌補外表，以獨創一格的方式做自我主張。也就是說。這些人只能靠這類方式才能顯得得意洋洋。

所謂：「先有愛好，才能求得精巧。」找出自己拿手的部分，培養興趣，多方努力，這是最重要的，如果沒有這麼做，也許在不知不覺中，破壞了個性上的才能，只能靠奇異的行為來自我主張了。

韓愈《雜說》說：「觀貌之是非，不若論其心與其行之可否為不失也。」它告訴我們，與其憑相貌定是非，倒不如研究他的思想和他辦事的能力如何來得可靠。一個傑出的人，才不會去符合流俗。

在成人中，如果只以自已的頭銜、地位、財產向別人誇耀，那麼，這行為和不良少年就沒有什麼不同了。我們必須好好辨別怪異之人和有個性之人的差異，進而做個有個性的人。

79 惡有惡報

※※※※

深山的杉木雖然多，但一不小心就會引火自焚。

榮西．沙石集

※※※※

根據一項以申、小學生為對象的信仰調查發現，信仰神佛的小孩子不多，但大多數小孩都相信，做了壞事會有惡報。

即使年幼的小孩也知道惡有惡報，他們並不認為這是神佛直接的懲罰，而是好像有眼睛看不見的東西在懲罰自己不當的行為。

一般人並不相信神佛的懲罰，但相信善因得善果、惡因得惡果。

古代的人說：「不言實行」，對自己所做的工作，儘量避免以語言表達出來，只是把自己實際所做的事，表現在眾人面前。

不論你有何偉大的計劃，如果沒有確實實行，則毫無用處。就像夢見自己有一百萬元一樣，其實二塊錢都沒有。只要步步為營、踏踏實實地做自己的事，那事實的真相終究會呈現在眾人面前。無論你說得如何天花亂墜，沒有確實實行，你所說的話就毫無份量可言。

所謂「知易行難」，這句話最適合現代了。實行一件事比說一百件事更有價值。只有默默的耕耘者才能獲得最後的勝利。

據說古時候有一次黃伯禪師帶徒弟們到院子，湊巧一陣風吹來，落葉繽紛。和尚一邊走，一邊把落葉一張張撿起，並放入口袋裏。

弟子們看在眼裏就說：「老和尚！你不要撿了，我這就帶掃把來掃。」和尚大喝一聲罵道：「混蛋！你嘴裏說要掃，這樣就能乾淨嗎？一張張地撿起來就會漂亮了！」

《禮記．中庸》說：「言，顧行；行，顧言。」意指，說的時候，要想到自己能否做到；做事的時候，要想自己曾經說過的話。

言行，就是君子立身的關鍵；它就像弓的弩牙，門的轉軸，一旦話說出口，是榮是辱全由自己決定了。

現代社會中，有幾人俱有這種實行力和率先力呢？會說大話，也會謾罵，可是讓他本人實際做做看，卻令人大失所望，這就是現代人的特徵。

80 生活、身活、事活、物體也活

＊＊＊＊

不要為我作佛，也不要為我寫經。

最澄・傳述一心戒文

＊＊＊＊

我到摩洛哥旅行時，有過一個悲喜交集的經驗。

我到馬拉蓋茲市想買條地毯，在導遊引領下，來到一家看起來信用好而且稍大的售貨店。我找到我喜歡的花色後就開始討價還價。雖然貨品上都有標價，但我事先已經聽說了，在摩洛哥，沒有人按定價購物的。所以我就狠狠地殺價，等我相當滿意時，這件買賣才成立。對方問：「這樣你感到快樂嗎？」我回答：「我很快樂！」於是彼此互相握手，銀貨兩訖後走出店舖。

後來，我把地毯拿給一個內行人看，結果他說：「這種價錢未免太高了些！」據他指出，在當地買東西時，可以大肆殺價，而且買賣雙方都互相了解，大家也皆大歡喜。

後來終於到那次旅行的終站，我們到港口卡薩布蘭加的美奇那（舊市區）去。

來到一家皮包店，眼光銳利的店主看到我身上背了一個用舊的，而且摔不破的水瓶。於是以欣賞的眼光說：「那個水瓶能賣給我嗎？」我心裏想：反正這東西已經用過了，帶回去反而麻煩，我就很爽快地說：「好吧！」然後交給他。此時他說：「等一下！」進入店裏，拿出一個嶄新的摩洛哥皮製手提包說：「聊表謝意！」

我心裏想這是人家的商品，平白取得，有些過意不去，但當我問他：「這樣你覺得快樂嗎？」對方回答：「很快樂！」所以我決定恭敬不如從命，而且覺得這件事非常划算，高興不已。

文明先進的國家，幾乎所有商品都有固定價錢。無論是誰，只要付出定價，誰都能拿到同樣的商品，這種作法的確方便又有效率。可是缺少買賣雙方交涉的樂趣，只是一種機械性的交易而已。

一件交易買賣，並不著重於賣主或買主任何一方獲利或損失。雙方都獲得滿足，而且出售的物品能善加利用，這才是一件好的交易。

有人曾描述所有人皆大歡喜的境地，那就是——生活、身活、事活、物體也活。

81 破壞的競爭

如果有人問什麼是痛苦，你就回答：雙方隔閡是最大痛苦。

良寬．語錄

在自由主義的社會裏，每個人為了出人頭地而努力，並且互相切磋琢磨，不斷向上，這是社會進步和發展不可或缺的因素。因為這種競爭心理得到最大限度的允許，所以不論在學問、藝術和經濟活動方面，肯努力的人，必定不會白費苦心。擁有日新月異的發展。

然而同樣是競爭，卻有兩種類型：一是建設性的競爭，另一種是破壞性競爭。前者是理想的，後者卻是可怕的。雙方容易混為一談，所以必須注意。

例如，學生為了考取自己理想的學校，努力用功，培養實力，最後金榜題名，這是建設性的競爭，但如果就此把別人一腳踢開，輕視他人，就成為破壞性的競爭了。

這種入學考試可說是個錄取絕對數的窄門，如果比預定錄取人數更多的人去應考，當然會有人名落孫山。一旦落敗，希望落空，當然不高興，如果只是羨慕能考上的同學還無所謂，可是有時會演變為嫉妒和憎恨，如此一來，原本是好朋友卻反目成仇，這是何等可悲的現象。

這世上多的是昨日之友成今日之敵的例子。

一些銷售同樣商品的同業，為了使自己的商品暢銷，常會為了競爭而結成仇家。有時還採取傾銷的卑鄙手段，這是一種違反規則的做法，就像學生在考試時做弊或棒球選手以不正當的手段贏得比賽一樣。雖是競爭，也應該堂堂正正、遵守規定才對，避免引起顧客或競爭對手的側目而失去信用。

美國的經濟學者馬赫爾說：「即使是型態最好的競爭也容易產生弊害，冷酷、下流的型態最令人嫌惡。」在他的《經濟學原理》中還說明，競爭型態已經不斷傾向破壞性競爭，所以，我們必須以公平的精神和謙虛的心態向前邁進。

「世上本無事，庸人自擾之。」多一些大度，就多一些快樂；少一些計較，就多一些幸福。有時候我們吃一點虧，這是有好處的。佛家認為，吃虧上當是福。把心放寬，少些計較，你就會少些煩惱。

82 向印度人學習

若心情了無牽掛、不管閒事，這就是人生的佳境。

無門慧開．無門關

可能是土地過於狹小，所以我們的生活，無論上班、上學或遊戲，都顯得忙碌不堪。和高度經濟成長成正比的生活節奏愈來愈匆忙，人際關係在競爭社會中，變得又粗暴又苛酷。實際情形顯示，人們對別人，甚至對自己都無法表現出「寬裕」的態度。

「寬裕」的態度不是生活緊張中弛緩的部份。而是從生活緊張部份所產生的態度。如果是弛緩，那就是一種奢侈品，而且是經濟富裕者所獨佔的。在日常生活中，即使遇到令我們難以接受的事也不要發脾氣，應該有客觀觀察自己的心態。

《徒然草》第十段中有篇文章：

「居家應以悠閒為主，即使是驚鴻一瞥，也是趣味盎然。過去住在這裏的人，一定是個文雅之士。連投射進來的月亮都顯得那麼扣人心弦。院子裏的一草一木似乎也善解人意。籬笆、牆垣等都令人賞心悅目。」

在這種寂靜、悠閒中生活的人，心裏才能寬裕，才能過著閒適的生活。因為我們沒有這種闊綽的心，所以我們總是慌慌張張，不知所措。

印度最令人值得一提的是，一切都顯得那麼悠閒，似乎人們都活在悠久的時間裏。他們說：即使工作快樂些、多賺些錢，對人生又有何用呢？似乎他們個個都已經大徹大悟。

為了外界一丁點的變化而一喜一憂，如變色龍般善變的人，應向印度人學習。因為印度人顯得那麼悠閒和樂觀，無論發生任何事，絕不會為了一丁點的變化或事故而顯得狼狙不堪。

在歐洲屬於南方系的義大利和西班牙也是如此。非洲、東南亞的人們也如此。不論發生任何事，如果是埃及人，嘴上會不斷掛著：「馬拉西！」如果是泰國人則掛著：「邁賓來！」如果是印度人則掛著：「Never rmind」天天過著悠閒的日子，似乎從沒有發生過任何事。所以我們也應向他們學習，擴大我們的心胸，嘴上不斷掛著「不在乎！不在乎！」

83 即使你討厭百個世界也無法脫離

＊＊＊＊度過現世，應如念佛之義。
法然・經常說的話＊＊＊＊

人生最痛快的事莫過於無論做任何事，都不受別人干涉，為所欲為，然而這是不可能的。

一個樂觀的人，即使心裏不滿，認為做事時受人干涉，他也能按捺住自己的情緒。可是換了一個自我意識強烈的人，那就受不了了，他可能自私地尋找洩憤的出氣筒，無緣無故找別人的麻煩，或者自暴自棄地酗酒。

有些女人受到上司或丈夫的責備和欺侮，當時無法反抗、辯駁而心生不滿，於是找出氣筒發洩，胡亂找小孩或四周人發脾氣，在心理學上而言，這種情形稱為「轉位」。

另外，有些人誤以為別人都過得很愜意，每天都快快樂樂地（即使實際上並非如此），反觀自己却經常遇到挫折，過著痛苦的日子。於是產生自卑感，進而認為大家加害自己，產生被害的妄想。

無故地心懷敵意或憎恨別人，這在心理學上稱為「照射」。這種因為自卑和個人的偏見，對別人懷有扭曲的敵意而黯淡渡日的人何其多？

如果要他們不要有這種想法，除非為他解決根本癥結，否則效果不彰，而他本人的情況會更糟。無論別人如何對待他，如果處理得不好或應付不了，他的一生將愈來愈黯淡。

在此我要勸告這些人，唯有念佛才能尋求解脫。

「念佛以尋求解脫」，等於佛教上所說的「如法般的生活方式」，意思是說，我們必須遵照宇宙的理法，在日常生活中去除我們的私心，活得自由自在。

夏目漱石在《草枕》的開頭寫著：

「我一面登山。一面想著：人常因為自己的一些小聰明而和別人發生衝突。也常因為自己的多心而深受其害。例如，一味地固執己見，卻覺得這社會幾乎找不到立足點，認為這世界無法住下去，甚至到難以忍耐的程度，於是想找一個安樂土。可是你最後會發現，無論你到那個地方都難以住下。此時，你的討厭之意就會消失無踪。」

所謂「知足常樂，能忍自安。」聰明的人知道，人無完人，事無完事。事實上，我們所擁有的，並不會太少，只是慾望太多而已，慾望太多就會導致心理的不平衡。

無論我們如何討厭這個世界，我們還是無法逃離這裏，所以我們應坦率地承認這個事實。但是，不要受它的影響，要自由豁達地活下去，也就是在「則天去私」中找出生活的意義。

第五章　克服逆境的智慧

——留著不盡的意志，鬼神亦不得損我（洪自誠）

84 有幹勁的人造就有朝氣的世界

不經一事、不長一智。

道元．正法眼藏

看到現代人的工作情形，讓人懷疑他們到底有沒有真正在做事。現在因為人手不足。勞力普通供不應求。所以在大量生產的情況下，一些毫無實力、又無資歷的人，也要求單獨負責的工作，以及不合理的高薪。另一方面，他卻過於忽略自己的工作，即使失敗也毫不在乎，只知一味地逃避責任。這種工作態度，他們能找出自己工作的價值和工作上的喜悅嗎？

一個人如果好好完成別人派給他的工作，當然可以要求得到相當的報酬。可是如果工作不努力，只要是有良心的人，他實在提不出要求報酬的勇氣。並不是別人派給你什麼工作，你就做這件工作即可。如果你沒有誠心誠意去做自己的工作，即便做再多工作也沒有意義。

好好完成自己份內的事，且令人誇耀，才算完成工作。相反的，疏忽自己工作的人，最介意自己的外表，口才伶俐，別人責備他工作不力時，他就多方強辯或頂嘴，甚至放棄工作。

在現代社會中，這種作風還是馬馬虎虎行得通，可是一旦到人手過多，通貨緊縮的時代，最受到懲罰及最感到悲慘的就是他們。為了避免這種情況發生，現在開始改進還來得及，大家應充分儲備在良心上過得去，而且真正值得誇耀的實力。做不到這點的人，應趁早鞠躬而退，去學習真正有實力的人，並服從他。

自古以來，最重視一個人的「氣」。古時有一種工匠之氣，意思是說，如果一個工匠無意於工作，那麼他情願晚幾天，等到提得起勁時才開始工作。

現代人卻大不相同，不論自己有沒有幹勁，還是零售自己的能力以維生計。這種工作態度等於糟蹋了自己的實力，也無法提高工作成效。顯然，使這些人的生活條件更豐厚或賦予他工作上的意義，這是多餘的。要改善社會，一定是有幹勁的人做有幹勁的事為先決條件。

如果無法滿足這個條件，沒有幹勁的人充斥這個社會，正直的人將會吃虧，而我們也將無法期盼有光明的未來。

85 決定起點和終點

****
何不去無寒暑之處。

圜悟・碧巖錄
****

客人坐上計程車時，司機劈頭對客人說：「先生！請你正確的說明目的地好嗎？」客人覺得很奇怪，於是反問他：「為什麼要強調正確呢？」

司機回答：「前幾天，我在深夜載一個客人，他坐在後座，只動著下巴說：『一直走』，我就聽他的話，開到紅綠燈的十字路口時，我問：「現在走那裏？」他還是說：『直走』我依他的話走了三十分鐘左右，結果他還是說：『直走』，終於跑了一個小時後，來到淡水，此時我才曉得這位客人要回到淡水。但在途中我絲毫不知目的地在那裏？心裏很不是滋味，如果他一開始就告訴我要到什麼地方，開車當中！我可以很放心，所以載這種客人最麻煩。」

的確，只說：「一直走！」不曉得到底開到那裏。也不曉得什麼時侯停車，司機心裏一定感到非常不安。原本這是件微不足道的事，可一笑置之，可是事關政治、經濟等和我們的生活直接相關時，情況就不同了。

例如，指揮我們的政治家、經營者、評論家等站在領導地位的人們，有沒有和那位乘客一樣？能夠一開始就明示我們行走的路程以及終點的人，到底有幾個呢？只主張得過且過的政策，對於將來的事，聽其自生自滅，這種人未免太不負責了。

另外，希望政府不要朝令夕改，應早些發出適當的指示，避免開車的我們找不到路。當我們跑馬拉松時，一定有起點和終點。在此當中，大家前後不一，互相競爭，看誰跑得快。如果沒有起點也沒有終點，大家隨便跑，那馬拉松賽就沒有意義了。美國經濟學者彼得德拉卡也說：

「沒定目標的經營，其最大優點就是管理層能分別控制自己的行為。」

可見設定目標是重要的，即使最後無法達到目標，但經此設定才會提得起前進的鬥志。

《宋史．職官》說：「提綱而眾目張，振領而群毛理。」比喻抓住了事物的關鍵或主要部分，其他部分就會被帶動起來。能考慮、計劃得長遠一些，就能避免遭受挫折。

86 看清真正的敵人

＊＊＊＊
由因至果、自果向因。
尊舜・玄義私類眾
＊＊＊＊

距今一百多年的一八九三年，美國國際收銀機推銷員華特遜，為了推銷收銀機，他奔波了三星期，無論走到那都被拒絕，一部也沒有賣出去，他感到很煩惱，後來他才想到：

「當顧客拒絕時，我應問他拒絕的理由，然後和顧客一起討論，什麼地方不完備，使顧客充分了解。就此走開是推銷員的不對。」

後來他經常在心裏想著，顧客到底想買什麼樣的機器？然後向公司建議，製造能滿足顧客的機器，再去推銷，結果暢銷一時，搖身一變，成為一個大製造廠商。

現在的經濟機構，不似過去一般單純，許多複雜因素糾纏在一起，想解開暗結，談何容易？所以，我們應更深一層的注意，多方探究原因，摸索為將來制定的方案。前幾天，聽到一個寓言：

「古時侯，有一群工作勤快的老鼠在一市鎮開一家小商店。有一次他們在開會時議論紛紛，仔細一聽，原來他們聽說，獅子要來這個市鎮開一家大商店，所以他們必須設法對抗。有些老鼠喊著：『我們絕對反對他開店！』有些老鼠主張：『不！只要我們改善經營方式，不怕顧客被獅子搶去。』又有些老鼠暗自私通獅子，向獅子提出要求說：『在你開店時，我也參加一份，另開一家小店，成為你的關係企業。』後來他們和獅子沒有談攏，互相爭執，正當大家爭論不已時，不曉得從那裏來了一隻烏鴉，飛到這個鎮上來，並從天空搬下大量便宜貨，還向大家說：以後再付錢，東西先搬回家。結果顧客一窩蜂地去搶烏鴉的商品，讓烏鴉大撈一筆。老鼠和獅子看了就向烏鴉提出抗議，但烏鴉留下一句：『我怎麼做，不關你們的事！』就飛走了。」

各位看了這個寓言有什麼感想呢？

如果老是站在那兒想走遠方，倒不如立即開始行動。我們常在遇到某種挫折時，不探究真正的原因和敵人在那裏？一味地驚慌失措，和假想的敵人互相爭奪，結果在掙扎中被真正的敵人嘲笑，甚至坐收漁翁之利。

87 過分慎重則一事無成

＊＊＊＊

莫悲於自己既蠢且鈍，今生不奮發，更待何時。有志者事竟成。

道元・正法眼藏隨聞記

＊＊＊＊

當我們從事某種工作時，如果事先懷疑：「不曉得我到底能不能做好這件工作？」常會一事無成。還沒開始工作就害怕、感到不安。或者想：「我怎麼樣也做不來！」那麼一開始就不必做了，因為心裏有疑念時就很難盼望奇蹟能出現。

如果那份工作你還喜歡，認為自己大概做得到吧！那麼此時你應該下「我要轟轟烈烈幹一番」的決心開始去做。只要我們愛上工作，工作也會以同樣的愛心回報。在感應相交的情況下，不知不覺地工作就順利完成了。

同樣道理，如果眼前有自己希望得到的東西，應下定決心：「我一定要得到。」並誠心誠意、努力以赴，這樣一定會好運當頭，幫助你得到你想要的東西。當然事情也有無法順利進行的時候，但這時你要想：「我已經盡力，只不過事實上不可能得到罷了！」就能減少失敗的挫折感。

誰都沒有辦法一開始保證能成功。就因為沒有保證，才會努力奮發，務必獲得成功。曾擔任日本南極探險隊隊長的西堀榮三郎在他的著述《過分謹慎一事無成》中說：「一個探險家最重要的，就是先下定決心，放手去做，然後再從事調查工作。而不是還沒下定決心就開始調查。因為下定決心之後，再從事調查工作，就能專心一意，減少失敗的原因。」

一旦下定「放手去做」的決心後，那會有工作到一半、訴苦埋怨、嚷著「做不來」的閒情呢？全力以赴，貫徹始終才能出現奇蹟的可能。

對於自己做得來，並已下決心做事，必須全力以赴。當你全力以赴後，結果不行，你也不必拘泥，應乾脆地放棄。

某女星想成為創立到達最北北極點的記錄，當初信誓旦旦地說：

「我一定會成功。」

但是，後來她考慮可能會發生事故，因而放棄，她淡淡地說：

「我已經盡了全力，毫不後悔！」

可見有勇氣下決心的人，也有放棄的勇氣。

88 調節生活的「空間」

事事留個有餘不盡（註：從容的態度）的意志，則造物不能忌我，鬼神不能損我。

洪自誠・菜根譚

我們在有生之日都必須呼吸。但所有大自然的現象，只有人類的呼吸可以比擬生活的節奏。山川草木的成長發展有新陳代謝，我們的言行有起承轉合，如果舉手投足間流暢的生活節奏紊亂了，一定阻礙了正常的生理發展。在這節奏當中，必定有一瞬間的「空間」，也就是一個動作移向下一動作的小休憩。雖然瞬息而逝，但卻能使一連串的動作毫不間斷。

我們該呼氣時就呼氣、該吸氣時就吸氣。該說話時說話，該沈默時沈默。該動時動，該靜時靜。斟酌時機最重要。只有無法掌握時機的人才會焦慮不安，時而生氣，時而慌張，言行顯得不自然。

一般懂得說話技巧的人都說，在說話技巧中最重要的就是「空間」。演戲而言則稱為幕間的「空間」，使觀眾能利用這個空檔回憶剛剛所看過的劇情。另外音樂及舞蹈也都嚴格規定空檔時間。就像我們的呼吸一樣，有緩有急。

最近「空間」似乎已不受重視。電視和收音機上從無空檔時間，播放時間也從不間斷，使人喘不過氣來。也使得聽眾和觀眾無法體會劇情的餘韻。更何況幕間穿插著無一是處的廣告，使我們更沒有時間去思考。

「空間」還可比擬為海水的潮汐。也就是漲潮時到達顛峯而轉為退潮的瞬間空白狀態。這也可說是生活的節奏，是人生所不可或缺的。當然時機必須適當，避免過與不及。「空間」也是選擇適當時機，隨機應變的關鍵。然而這卻不能當作學問或知識傳授，而是屬於體驗的世界。我們應更重視這個「空間」。

要得知運用「空間」的要訣，首先必須注意身有一技之長者的舉動，學習那種無懈可擊的作風。進而找出自己生活的韻律和「空間」，再以磨鍊自己的言行相配合，才能得到生活的智慧。

有些標榜完全主義，認為事情必須自始至終，連貫到底，一氣呵成，其實這種態度是值得疑慮的。我們應擁有有餘不盡的意志，才能度過有節奏的生活。

89 衣食為「道心」之助

道心中有衣食，衣食中無道心。

最澄．傳述一心戒文

《論語》中有句話說：「衣食足而知禮節」，然而以最近情況看來，似乎不是那麼一回事。一般人總以為，經濟問題解決後，人們才懂得禮節，形成有禮的社會。可是我們卻常看到愈富裕卻愈自甘墮落的人。

有人訴苦：「沒有錢、也沒有空閒時間，真傷腦筋！」其實即使他有了錢，他還是照嘆不誤。一個人如果為了賺錢而天天奔走，那麼他的心地會愈來愈貧乏。

「道心」本是指步向正當人生的心得。為了助於這種行為才給以衣食，並不是相反的。

奢侈的生活是無窮無盡的。你穿得再漂亮，戴再昂貴的飾物，或天天吃山珍海味，別人也許會羨慕你，但沒有人會誇獎你。你如果這麼做了，反而使你的身心兩面「恃寵而驕」，無擬地引你走向滅亡之路。

雖然如此，並不是勸大家身穿襤褸衣服，甘於粗菜淡飯，而是強調為了度過正當人生而選擇端正衣食的重要。這是促使過慣奢侈生活而忘了道心的現代人反省的強心針。

至於有身份、地位的人也有同樣情形，往往錯以為自己已經出人頭地。這些人所帶的名片，總是印著許許多多的頭銜，而且沾沾自喜，我們一眼即可看出。

以生產汽車出名的本田公司創立人本田宗一郎曾說：「即使做了經理、董事長，也沒什麼了不起，這些只不過是一種記號，也就是為了指揮系統更明顯化所得的記號，和一個人的價值完全無關。判定一個人是否偉大，端看他對社會有何貢獻而定。以公司的例子而言，則是以為公司建立多少績效而定。」

有一次，一位和尚來找禪僧臨濟法師。法師告訴他說：「在我們體內有一無位的真人進進出出。如果沒有這個自覺，就必須張開心眼，仔細看看。」和尚問：「無位的真人又是什麼人呢？」法師抓起和尚的衣襟，大喝一聲：「快說！快說！」和尚莫名其妙地說：「什麼事！」法師就罵他：「你就是無位的真人，還裝糊塗！」

90 建立信用

＊＊＊＊

佛法無功用處，唯是平常無事。

臨濟，臨濟錄

＊＊＊＊

有人說：「好運從天降」，但這句話有疑問。無所事事、空等待的話。好運怎會從天而降呢？

一般而言，人必須不斷努力，磨鍊自己，好運才會降臨。就像柿子成熟後，從樹上掉下一樣，非常自然。佛教上稱之為「不求自得」，但如果你的內容不成熟，卻想裝飾外表，獲得別人的認可，這是不可能的。

一位朋友，為了找對象，費盡心思，不斷推銷自己，結果他的作風反而遭到別人的反感，到處被拒絕，現在正慨歎自己時運不濟。

建立信用必須靠別人的力量，自己是無能為力的。如不了解這層道理，為了獲得別人認可，即使多方掙扎也是白費。因為時機未成熟，所以再努力也求不到。就算他本人長得一表人材，如果四周條件無法配合，結果也是枉然。

創業以及做生意的情況也一樣，如果急功近利，做一獲千金的好夢，反而使好運離你而去，效果將適得其反。

學生的情況也一樣，如果排斥別人獲得好成績，自己卻不願多用功，反而在考試時做弊，但好景不常最後仍被發現而勒令退學。

另外，如想獲得別人的物品，於是以搶奪或順手牽羊的方式獲取，最後被逮捕，一生就此泡湯。

「佛法無用處，唯是平常無事。」意思是指：「所謂佛法，即使多方修行，也不會有何特別功效，只是平時默默做該做的事，如此而已。」

凡夫俗子常犯的錯誤即自以為多方修身，卻沒有得到應有的效果，豈不白費心思嗎？這種以利害得失的觀念修行，難免做得不夠勤或偷工減料。

從前，禪僧澤木與道師淡然地說：

「我一生努力，為的就是不要獲得成功。」

所以，我們要一開始就想要成功或想賺大錢，何不老老實實、平安無事的完成自己該做的事？

91 祈禱無法贖罪

無因得果，無其以據。

最澄．願文

一定有人怨嘆自己的命運乖舛，認為「我努力一輩子，也常為別人設想，然而卻不知何因果，我總是惡運連連。」無論他心裏多想做好事，如果因緣的機（條件）還未成熟，就不可能有好的結果。

這情形可比擬為樹。不論一棵樹如何努力成長，除非土壤好、陽光充足，否則不可能順利成長。當然，也不是說樹木本身不必努力，只要其他條件齊備即可。樹木本身的因，結合其他條件的緣，才能使那棵樹開花結果。

有時我們遭受什麼惡運時，常認為是鬼神在做崇，於是去祈求乩童或巫婆，把希望寄託在他們身上，想要花錢消災。然而果真能消災解厄嗎？除非探究惡運的原因，改變自己生活態度，事情才可能好轉。

從前，印度有一戶人家，其家人的獨子患了重病，醫生宣布無救。他的母親在無計可施的情況下去向乩童求救，對方告訴她說：「那是魔鬼做祟，妳必須殺羊祭神。」一母親就把所有積蓄拿出來，按乩童所說，一一照辦，沒想到她最心愛的兒子還是死了。釋迦佛聽到這件事就說：「大河已經清除了心懷惡意或犯罪的人了。」

佛教的教義是根據「自業自得」的因果報應法則而來的，不論你如何向神佛祈禱，想為自己贖罪，但因果報應的法則依然存在。

當一個人面臨惡運時，因為一心一意想逃離痛苦的境地，常會尋求最簡易的解決方法。這社會中，自以為是、我行我素，結果咎由自取的人何其多？人在苦境中更應保持冷靜，探索自己處身的道理。江戶時代的良寬，在他晚年時留下一篇文章，其中寫著：

「遇到災難時，就讓它遇到吧！面臨死亡時，就讓它面臨吧！這就是逃避災難的妙法。」

因此，我們應有逆來順受，不逃避現實的心理。

吃苦在先，享樂在後，為人正直，謹慎，誠實，善於約束自己，堅守高潔的節操，盡心竭力，必能有好結果。

92 金錢非萬能

✻✻✻✻

仔細聽那有錢人的作法，原來是活生生的無慈悲餓鬼道。

一休．語錄

✻✻✻✻

現在大家對於教育的荒廢和家庭敗壞問題顯得憂心忡忡，至於如何做才能改善現況呢？實際上似乎很難找出治本的決策。

實際上荒廢和敗壞的根本原因之一就是金錢至上主義。也就是說，無論是自由主義國家或社會主義國家，全世界的人受物質文明的污染，愈來愈庸俗不堪，似乎都被以金錢定萬物價值的金錢主義所主宰，除非根本解決這種風氣，否則即使小部份能改革，也無法真正解決這個問題。

目前的社會，雖然表面高唱人性的尊嚴和尊重人權，實際上社會的結構是冷酷的，人人只重視金錢物質的價值而忽視先前的精神價值。

以近代國家的稅制而言，大部份國家的人民，從出生到死亡都無法逃過稅捐。既然是一個國民，不論你有沒有所得，都有向稅捐處申報的義務。當此之時，無論申報者是多麼辛苦才獲得現在的收入都一概不問，只問以金錢推算和兌換的所得額。而且除去扣除額，有了規定以上的所得即可課稅。

以稅制做例子說明，一個人不問他情願與否，都要盡國民的義務，但是，想要少交些稅就不得不精打細算或漏稅。所以，有很多人肯冒這個風險，可是他們沒有想到，萬一被發現了，他們在社會上所受的損失豈不更大？

很多就業人士可能或多或少俱備無法以金錢兌換的工作，卻又不得不適當地配合稅制的認知。例如，老師和家庭主婦，到底他們的知識和勞力是否能以鐘點計算而付薪水嗎？

另外，把上班時間以外的工作，嚴格加以計算，支領加班津貼，就像你在零售你的知識和勞力一般。把一切工作都兌換成金錢，那麼，我們的人生何其空虛？

在此不是有意指稅制本身是金錢至上主義的原兇，但是，除非在稅制上做治本性的改革，否則社會上金錢至上主義的風氣必定愈加濃厚。

人容易被名利弄昏頭腦，它可以醉得人心死而不醒。如果鋪張浪費成風氣，那麼，經濟情況就會拮据。

93 一技之長

最駑鈍者，只要經歷十二年，必定獲得一驗。

最澄．顯戒論

一個人雖然被罵：「你怎麼這麼傻？」而本身也認為：「我是個一事無成的傻瓜！」但他總有一些優點，只是他本人沒有發現，或徒具才能，不懂得發揮而已。

無論什麼事都可以，把自己認為可能會喜歡的事情做十二年，那麼，就可能搖身一變，成為有一技之長的人。

一些焦急的人常自暴自棄地認為：「在這忙碌的世界裏，那能悠閒沈溺一件事情十二年呢？」如果你這麼想，必定一事無成。何不現在就著手去做一件事，即使你抱著受騙的心情去做也可以。

釋迦在世時，有一個叫古拉班特加的愚蠢弟子受到其他徒弟的輕視。他本人也承認自己愚蠢，可是心裏卻希望能像其他徒弟一樣，成為一個有用的人才。

有一天他問釋迦：「該怎麼做才能使愚昧如我的人得到領悟呢？」釋迦回答：

「我想你並不適合做學問，不過你可以天天嘴裏唸著『除塵！除塵』把寺院內外打掃乾淨。」於是他遵照釋迦的教誨，做好這件事，結果終於獲得其他弟子的尊敬，而他自己也了悟了。

就算別人罵你「傻瓜！」「白痴！」這又何妨呢？因為出口罵人的他，等於向全天下人宣佈他才是傻瓜，所以若別人罵你，就讓他罵吧！

研究黃熱病而世界聞名的野口英世，他在三歲時掉進火爐裏，左手嚴重燙傷，五個手指幾乎全黏在一起，看起來像松樹的樹瘤一樣，從此以後，小朋友常嘲笑他「殘廢！」進小學後，同學們嘲笑得更厲害，所以他有段時間非常討厭上學。但在懂事後，他開始發憤說：「大家等著瞧吧！」而比別人用功。

他並且認為：「救人要靠醫術！」於是他到國外闖天下。

奧地利的精神科醫生艾爾巴特說：「自卑感給人心裏有莫大影響。關於這點，有兩種情形，一種人就是以自卑感為桿而創下偉業，另一種人卻怨天尤人，甚至傷害別人或犯罪。」到底該走那條路，端看你本身心裏的決定。但如後者，彼此都被打垮又有什麼好處呢？

94 貫徹意志以扭轉命運

＊＊＊＊

說得一尺，不如行取一寸。

道元．正法眼藏

＊＊＊＊

每年夏天是棒球的旺季，大小比賽不計其數。比賽進行時，透過電視畫面轉播，在選拔賽中，能獲勝的隊伍，其選手的守備以及打擊力固然了不起，可是他們面對比賽時，那種必勝的決心，從他們的態度上即可明顯看出。他們體格魁偉，態度認真，每個人都有絕不能輸給對方的信心。

敗北的隊伍當然也是因為實力及球運不好才會失敗，但他們在還沒有比賽前，好像就有失敗的意識，而且深受對方球隊的壓力，所以早在氣魄上已經輸了。

常常我們遇到問題和困難時，總是說：「這麼難的事，我怎麼做得來？」沒有努力就先放棄。如果好運從天降，這還有話說，可是這是絕無僅有的事。

有句話說：「斷而行，鬼神亦避。」可見只要我們心想：我必須衝破難關，那麼就能把自己之思考力集中在這裏，而且想盡辦法，使出全力，衝破難關，改變命運。只有我們先向它挑戰，才能克服難關，除去障礙。

日本的典子小姐，因為她母親懷她時吃錯藥，所以她一生下來就殘廢。她寫過一本書叫做《典子的現在》，在裏面，她寫出她是如何提出勇氣、克服眾多難關的過程，非常感人。

她雖然有腳卻沒有手，但她卻非常希望自己能和一般人一樣會游泳。有一次她從船上跳下。成功地游了一段距離。

典子說：「無論什麼事都要做做看！」「決定要做後就一定要貫徹始終。」這種堅強的信念令人感動。

一般人會想：既然沒有手，根本不可能游泳，可是大膽地跳入海裏，靠自己力量游泳的事實，很可能是發自典子信念的結果。她的例子可以讓人產生「決心要做就做得到的自信」。

口足畫家楊恩典的事蹟，也是良好的例證。

即使是我們做得到的事，我們也很少去做。然而，無論什麼事，只要以貫徹始終的決心去衝刺，乍看做不到的事也一定做得到。

95 「國寶」並不是博物館中的陳列品

****照一隅即國寶。****

最澄．山家學生式

經常看到「只有自己才為社會貢獻」如此大言不慚的人。每次聽到為選舉出馬的政治家以及自稱和平運動家的演講，總是讓人懷疑，他本身的行為是否正當，因為高聲向別人說教的人，往往本身多的是爭論或做事情太離譜。

所謂「巧言令色鮮矣仁。」「語者不行，行者不語」果真憂天憫人，就該從自己本身做起。

有一位年輕人，無論冬天或夏天，每天早晨都在空無一人的街道上清掃，從無間斷。每次看到他的背影，總覺得似乎發出光芒一般，令人感到溫暖與祥和。

日本天台宗之祖最澄說過：「所謂國寶，並不是指陳列在博物館中的值錢東西，而是指一個人默默地貢獻這個社會，即使不為人知也在所不惜。只要有這種人在身旁，四周即一片和氣，在這種氣氛中，我們一定會受到他的感化。」

過去有一項問卷調查問：「在選舉時，你選政治家的標準是以實力為本位？還是以人物為本位？」回答結果是前者壓倒性的多。可見大家都是選擇和自己有關係的實力派人物。雖然政治應和我們的生活密切相關，但在權力社會中，有時領導組織的力量比政治家的人品及個性更重要。

因此，個性問題容易被忽略。然而這卻是件可悲的事。在競爭激烈的政經界，能幹型的人比人品好的人更吃香，也更受重視，這是無可否認的事實，因此每個人無論情願與否，都必須成為組織中的一份子而工作，無論這人的人品再好，如果不能產生績效，自然就被烙上「糟糕」的烙印，最後不得不鞠躬而去。

的確，在競爭的社會中，能幹的人較受歡迎，至於他本人是否幸福，或有無貢獻社會是另一回事。這種人一旦從權力寶座退休後。恢復普通人的身份時，他才會發現到目前為止，自己只不過是組織中一個齒輪，一再被利用而已，最後一定會為自己小丑般的存在而痛切地悲哀。

雖然我們為了生計在競爭社會中，不得不進入組織體，但我們應成為真正貢獻整個人類社會的人。

96 不要奢望第二支箭

學道之人，不思待後日行道，只過今日今時，日日時時勉勵。

道元．正法眼藏隨聞記

我們應該要有「今日事，今日畢」努力以赴的決心，但大多數人都掉以輕心，認為「今天一天偷懶應不成問題！」或「這次投機取巧應不影響以後。」像這樣，一天拖一天，該做的工作遲遲未完成，到最後才覺得「糟了」！

有人在學生時代時，眼見考試迫在眉梢，但心裏還是想：「今天是過年，玩一天無所謂！」一再放縱自己，忘了別的同學正拼命用功。

一天過一天，把該做的功課耽擱下來，到考試當天，問題都答不出來，最後嚐到了名落孫山的痛苦經驗。

事情該做時，要趕緊做，免得工作不斷累積，到了進退維谷時，後悔就來不及了。時間一分一秒地過去，如果為了自己的方便而認為：「反正船到橋頭自然直！」日後必嚐到苦果。應告訴自己說：「今天該做的事，無論如何，即使排除萬難，也要今日畢。」像這樣多方地向工作挑戰。

一般人總是喜歡做自己喜歡的事，自己不喜歡的事就跳過去，很難提得起勁，把它推給往後的日子，就像在吃飯時，把自己喜歡吃的菜吃光，留下不喜歡吃的菜一樣。如果只是食物還無所謂，然而若是該做的工作，問題就嚴重了。我相信很多人有這種煩惱。

吉田兼好在《徒然草》中曾說過：「不要有第二支箭，因為你會依賴下一支箭，在射第一支箭時不會用心。」

風從地上產生出來，開始時先在浮萍草頭上輕輕流動，以後吹遍河流山谷，慢慢就大了；最後聚集山口，成為盛怒的飆風了。說明了事物的發展，總是從小到大，從弱到強。

同理，在入學考試時，即使第一志願考不上，還有第二、第三志願，抱著這種糊里糊塗的想法去應考，最後一定會失敗。

我們應該以「對自己而言，現在是最後」的心情，全力以赴，就能獲得「我竟然做到這件事」的成就，即使失敗也不會後悔。

97 拿出勇氣拋棄不必要的東西

＊＊＊＊

種樹時，要一心一意重視樹根，對樹葉，大可不必顧慮。

夢想國師，夢中問答集

＊＊＊＊

到新芽和花蕾紛紛開放的季節時，為了使樹苗開更漂亮的花，往往要剪斷不必要的樹枝。例如院子裏的樹，也要常常打落它們的樹枝，避免它枯死。

我們的人生也一樣，為了學習各種知識和技術，首先應該牢牢學會基礎工作，如果忽略這點，盲目地擴展枝葉，樹幹本身就會枯死。

要學習圍棋和象棋，首先要探知它的基本規則，也就是從「定式」開始學，再結束「定式」階段。同理，要學會某種事情而有所心得時，就必須先好好學習基本事項，然後才能轉向應用方面，逐漸擴展。

平時在工作上或和別人在言語上一來一往時，總是不難發現很多人不懂得當場該做的事及當場該說的話的道理，一味地拘泥細節，要點卻擱置一旁。

無論做什麼事，都應該正確了解「該不該做？」「如果該做！又該做些什麼？」為了達到這種正確的選擇，你必須要有透視要點的眼光，決斷力和堅強的意志，因此，必須先培養「息慮凝心」的智慧，才懂得如何不拘泥細節，掌握重點。

等你掌握要點後，就需要有勇氣，把末梢性的東西丟棄。平時我們對於錢財或物品容易一味地儲存、堆積。很多人在狹窄的房子裏擺滿傢俱，幾乎沒有立足之地。同時櫥櫃裏或冰箱裏也裝滿了用舊或剩下的東西。也許你認為遲早會使用到它，但這樣死藏著它，等於是糟蹋，以後要處理就很難了。

錢必須使用才有價值，如果一味地保存，等於沒有。

過去的房子，無論那一家，全都做多功能使用，只有放置最低限度需要的傢俱而已，省去一切雜物，非常簡素。他們這麼做，並不是因為當時物質缺乏，而是因為不用的物品放在家裏，只有礙手礙腳。可見過去人們是有他們的生活智慧的。他們只要對生活上的基本用品以及廣用物品而已，至於其他則不屑一顧。

想不到現代人們却任由自己的慾望膨脹，誤以為無論什麼東西，把它屯積起來就是對的，結果被雜物和不需要用的東西團團圍住而不知所措。所以，我們今後必須選擇必要知識、技術和財物，其餘的一概拋棄不用。

98 三個臭皮匠勝過一個諸葛亮

勿徒最勝之善身，應任露命與無常之風。

修證義

佛教中有句話說：「見聞觸知，皆近菩提。」意思是說，我們的所見所聞和所碰觸的物品，一概含有說明領悟的對象。也就是說，不是只有聰明的人才能成為軍師，三個臭皮匠也許勝過一個諸葛亮。

身為十一個兄弟之一的象棋好手升田幸三說過：

「我的父親平日酗酒賭博，無惡不做，他絕不是個好父親，可是對我而言，他卻是一位再好不過的老師。那是說，父親的一舉一動都是壞榜樣，所以，我只要做和父親相反的事，就可端正自己的行為了。」

不論對方是什麼樣的人，你只要忘了他討人厭的地方，記得他的優點，使自己喜歡他，以這種態度和他接觸，對方也會表現出他好的一面，做為回報。不要忘記以寬大的心胸去對待人。把一切事物做善意解釋的人經常是進步的。

佛經《華嚴經》中有一個叫善財童子的求道者，他為了做一個有份量的人，所以分別尋找各界名人，向他們學習其中特異處。不論對方是誰，我們總是能在他身上得到收穫。如果擦身而過而沒有收穫。那是因為我們沒有能夠聽出其中奧妙的耳朵。

一位學生留美時，他的美國通親戚勸告他說：

「如果你受到美國某一人家的招待，到他家後，如果有一隻狗，你就摸摸牠的頭。如果有小孩的聲音，就向他寒暄，並把那小孩的事情當作和他父母談話時的第一個話題。對方帶你進入一個房間時，你要仔細看看，如果喜歡壁上的圖畫，就應誇獎一番。如果喜歡椅子，窗子的顏色也應該說出來，無論什麼都好，全都當作話題，採取主動，這將給你帶來許多好處。」

如果我們積極發問，尋找話題，必定獲得對方回答，即使那回答不是我們所想要的，總是使雙方能談得起勁，增加彼此的感情。同時也帶給你一份發現未知事情的喜悅。也許你問的事和他毫不相干，得不到反應或收穫，然而對本身並無損失，事實上，有時行不通的本身即是收穫。

99 滿足需求不如滿足願望

****

夫佛法非遙，心中即近。真非如外，棄身何求。迷悟在我，發心即到。

空海・般若心經秘鍵

****

隨著經濟高度成長，現在不論吃的、穿的、用的，只要拿出錢來，要多少就有多少，可是物質的豐富和精神上的幸福並無直接關係。

的確物質上的缺乏會使我們渴望得到富裕，可是你雖然富裕，卻未必能得到幸福。過去在糧食缺乏的時代，大家都想辦法填飽肚子，然而現在要什麼有什麼，我們對食物的可貴性卻消失了。甚至因為喜歡吃而吃太多，結果造成困擾。

例如，你喜歡吃月餅，吃一、二個還無所謂，如果吃十個，一定破壞了你的味覺，也許以後連看都不願再看一眼。那是說，月餅的美味有一定限度，如果超過了限度，吃太多就會變成痛苦。這在經濟學上稱為「限界效用遞減法則」。

因此在吃方面，只要吃到八分飽即可，把意念轉向精神上的幸福才是智舉。

開頭那句話是說，幸福不是物質所能換取的，而是得自如何活用自己的意念。填滿心靈的飢餓比填飽肚子的飢餓更重要。現在正是發揮這種精神的時候。

現在的學生從不願花費心思去查自己不懂的事情，或者有問題也不願請教老師，甚至把老師的話當耳邊風，聽過之後，即使不懂也裝懂。等到以後再問他才發現，他什麼都不懂。不要以為他不懂就會有「難為情」或「過意不去」的心態，事實上他們還是一副不在乎的樣子。

老師以為自己的教學方式不對，於是改變方式，教得使學生更容易了解，結果學生更是投機取巧。一位教授說出他的感想：「我在上課時，他們全都傻傻的，毫無反應，簡直不想再教下去。就像拿一根釘子釘在豆腐裏一樣，沒有反應。」

看來現在的學生和過去不同，他們並不想用功，也不想真正學到些什麼，只把學校當作他們就業前的「緩衝時間」。大多數人升大學後就認為拿到學分就夠了，這簡直就是時間和金錢上的浪費。如此一來，何不休學去就業。然而文憑對大家還是很有吸引力，要在今後的社會上生存，與其獲得可貼在臉上的文憑標籤而自我滿足，不如為自己的需求多充實自己，以免遭受淘汰。

100 難破心中之賊

****
事足則足而不事，不足而事則身安。
天海．語錄
****

或謂一九八〇年代是日本的時代。現在的日本人過的是極其富裕的生活，享受著自由自在的生活方式，就像坐在煞車已壞的汽車裏，只能永無止境地向前衝，所做所為都不經過考慮，如此突飛猛進，後果真是不堪設想。

在國外，以一出口立刻售罄的日製汽車為首，其他產品也莫不傾銷氾濫，威脅當地人的產業，終於引來他們限制進口及禁止進口的抗議聲。

又無論是政治家或實業家，都在金錢欲望作祟之下，為達目的而不擇手段，繼續幹他們不法的勾當，直到被檢舉為止。

也許這些現象只是冰山的一角，沒有表面化的不正當行為比比皆是，那些被檢舉的算是犧牲品，其他不法之徒全都快樂地逍遙法外呢！

我們不能說這是他山的壞石頭，不需要多加理會，這個道理即如同「驕傲的平家不會持續太久」。

今天的世人都盤環在一個和平的世界裏，耽溺於安逸的生活而視為極其當然，殊不知墮落之蟲已開始在體內繁殖，待你發現恐怕為時已晚，一下子即由內部崩潰。這種徵兆，在家庭、學校、社會、政界、財界、官界可謂俯拾皆是。

當然，有心人士或組織，早已大聲呼籲以設法謀得自主規制的預防對策，要求在言行上煞車以避免窮途末路。可是，有很多人仍未覺悟，可謂不見棺材不流淚，待發現事情的嚴重性而慌張失措已來不及。誠然愚蠢的是人，為避免這種事情發生在我們身上，就應該時時自我警惕，改以謙虛、樸實的態度過日子。

不分古今，人間百態不斷呈現，毫無規範可言，如果感情用事而到處亂衝，就會像是在渡危橋，一旦放鬆馬韁，馬兒必脫韁而奔。王陽明曾經說過：

「山中之賊易破，心中之賊難破。」

見好處就撈的人，不知道考慮到別人，人家必然怨恨他。凡做了有虧良心的事情，便會覺得低了別人一節。所以，我們必須不斷自我規制。

所謂的克己，就是經常有所感悟、反省而踩煞車之意。

101 一死了之雙袖皆空

＊＊＊＊＊＊＊＊

好學諸事或好事者同樣知名度高，然二者不只天淵之別。故為學之道宜求真求實，不可無用心。

道元・正法眼藏隨聞記

＊＊＊＊＊＊＊＊

常見人們一窩蜂做衝動的購買活動，說什麼大拍賣或不買太可惜，因而在宣傳攻勢之下買些沒有必要的東西。

其次，接受他人贈送的禮物後，如果能夠有效活用，適當地消費倒無話可說，但是，有很多人似乎根本不知其用途，在家中到處堆積一些無用的東西，在處理上似乎真是束手無策。

從我們出生以後，所擁有的東西不可謂少，如服裝、飾物等身邊的日用品，繼而包括傢俱、裝潢、房屋、土地、汽車、錢財等不一而足。

可是，這一切真的為我們生活所需要，而能夠加以活用的嗎？倘若擁有這一切而不加以活用，豈不等於入寶山卻空手而回。須知，儲蓄固然也有樂趣，但是，財物並不能在死後帶到棺材裏去用，結果反而要讓後代為負擔遺產稅而埋怨不已。

在一生當中，我們所有的其實並非我們所有，一切只是上天寄存在我們這兒，也可說是借來的。我們將它們佔為已有而沾沾自喜，其實這一切都是短暫的，偏偏多數人都不了解這一點，總是拼命整頓、保養，乃至無法安享生命，與其如此煩惱，不如使用在生活上真正必要的東西較乾脆，也可以過著更清爽的日子。

佛教有句話「省事」，意味著省去浪費，活用最低限需要的東西之意。

譬如電化製品或汽車的款式，經過二、三年就會變舊，偶爾有點故障也買不到零件，而且修理費特別高，所以不斷汰舊換新。如此做的確能使商業、工業活動更加生氣蓬勃，可是，還能夠充分使用的東西便隨手丟棄，未免太可惜。

在我們四周，多的是用過的舊日用品、舊衣物，而且都不是廢物，如果把它們送到需要它的開發中國家，相信不論是當地人或物質本質，不知會多麼地高興又多麼感謝。

貪婪的人，總是擔心自己的慾望得不到滿足。貪圖眼前利益，就會失掉長遠利益；沈溺於物質利益，就會有損於名譽。確記，有得必有失，福禍相依存。

102 以工作為義務的世界便是地獄

行學二道當勉，若行學絕則佛法何存。

日蓮．諸法實相鈔

伊索寓言中有個著名的故事，是螞蟻和蟋蟀的故事。話說螞蟻拼命工作，有了很多收穫，到了冬天來臨時，就在溫暖的壁爐旁邊取暖過冬。相對的，平時蟋蟀都穿著燕尾服，整天演奏小提琴，從不勤勞工作，所以冬天到來以後，牠就變得很落魄，路過螞蟻家，探頭看到裏面的情景真羨慕極了，而自己都在外面即將凍死。

近年來有關福利的問題相當普遍，以致不分男女老幼，都掀起一種寧可輕輕鬆鬆玩耍著過日子，也不願意汗流浹背工作的風氣，很少有人願意再從事重勞動的工作。的確，以前不工作就沒有飯吃，工作乃是生活必須的手段，以至於有些人一輩子都在工作，並且就這樣結束一生。但現在情形不同了，因為現在的社會福利太好，加上文明利器發達，所以不工作也不怕沒得吃，再懶的人也能勉強過日子。

問題是如此一來，根本就談不上工作的喜悅，多的是偷懶要過安逸日子的人，他們心想若是為了生活，只做必要份量的工作就夠了，於是生產能力降低，整個國家亦隨之夕陽化。國家找不到治本的方法，只好由國外僱來勞力工作者，暫時熬過此種僵局。

英文的工作是「work」或「labor」，它含有義務工作、熬過痛苦而被動工作，並非自動自發地高興工作，而是以「勤勞為樂」之意。

不過，今天年輕的一代已逐漸忘了勤勞的精神，他們傾向家庭至上主義或自我主義，並沒有從工作中找出生命的意義。很多人都是為了貪玩或需要錢用而工作，或者只為了賺錢而工作。

俄國小說家高爾基曾經說過：「倘若工作是快樂的，那麼這個世界便是天堂。倘若工作只是一種義務，那麼這個世界便是地獄。」

所以，我們要捫心自問：是否在工作中找到了喜悅。

俗話說：「健全的精神在於健全的身體。」可見我們要工作才能使身心兩方面的新陳代謝活潑化，經過這樣的磨練，對我們身心的健全發達都有利，同時也可以「造福人類」。

103 順境不醉逆境不餒

✻✻✻✻

欲求得快快脫離苦海，不可空手而回。

法然．登山狀

✻✻✻✻

不論做任何事，剛開始的時侯都會比較用心，努力設法完成它。可是，在一件事情完成後，卻很少再加以反省。

任何事有始必有終，不論做什麼事，既然開始做，就要貫徹始終。不論是工作、讀書、運動或做休閒活動，倘若吊瑯噹地無始無終，便毫無樂趣可言，所以要在一個適當的時機做個結束，這樣才能令人稍感心安。

舉行一個儀式也是一樣，有開幕辭必定有閉幕辭。倘若不等閉幕而中途退席，或是沒有宣佈閉會就馬馬虎虎地散會，總令人覺得不是味道。同樣是關門的動作，有句俗話說是：「小人留一寸，笨手笨腳者留三寸，傻瓜才讓門敞開。」自己開的門沒有關好便出門，著實是不像話。

在我們的四周，多的是連自己的房間也四處散亂，不會收拾的人；受到他人照顧，或別人對他很親切，既不會道謝也不知感恩圖報的人；賣了產品便一了百了，不肯做售後服務的人；聽他人說話，卻始終聽不進腦子裏，腦中經常空空的人；像這種有始無終的人，不論讓他做什麼，可能會弄得一塌糊塗。

一生都抱著既來之則安之的心理，工作常常只做一半，要結婚也毫無頭緒，生了小孩也未能好好管教，終至無為而終。

劇作家安藤鶴夫說過：

「一場比賽結束後，姑且不論其勝負如何，絕不可比賽結束便算了。在比賽結束以後宜靜靜地回顧，慢慢體會那場比賽的意義，這叫做殘心。」

凡是別苗頭一決勝負的事，獲勝時當然高興。工作也一樣，進行得順利便得意洋洋，反過來一敗塗地或工作失敗時，便是一陣意氣消沈，那有反省的餘地，這也是人之常情。可是，長此以往，便不可能有任何進步或發展。

古人說：「處順境而不醉，入逆境而不餒。」自有其深刻含意。在任何情況下，都應該要好好反省，切莫看扁了自己。

即使是平坦的大路，如果漫不經心，千里馬也可能摔跤；雖然是羊腸小道，如果小心翼翼，劣馬也可以翻越它，只要自己有本領，不怕道路崎嶇。

我們為工作忙碌時，常常會被工作追趕而失去自我反省的機會，但儘管如此，我們還是需要好好回味今天所作所為的意義。

第六章　無迷惘的人生

——要越過一丈寬的水溝，需自勉能越過一丈五（法然）

104 要分辨虛像與實像

✲✲✲✲✲✲✲✲

赤肉團（註：活生生的自己身體）有一無位（註：超越位置）真人。常出入汝等諸人面前。未證處看看。

臨濟．臨濟錄

✲✲✲✲✲✲✲✲

丹麥首都哥本哈根有個遊樂場叫堤波里（Tivoli）公園，那裏有個魔鏡屋。孩子們站在凹凹凸凸的鏡子前面，看看自己時而擴大時而縮小的影子，常覺得非常快樂，蹦蹦跳跳地。

試問，我們是否曾將虛像當實像，而未能看清事物的真相？或是戴著有色的眼鏡看事物而毫不在乎？

這便是見林不見樹的方式，只誇張擴大的部分，其他的一概忽略，卻自以為了解了全體。

在被視為鐵幕而一般人民無法接觸外國空氣的前俄國，早晚電視廣播的「海外新聞時間」，以及最大日報「真理報」，都會透過通訊社，鉅細靡遺地提供來自世界各國的外電。

當然，他們還要透過政府檢閱有關國策性的消息，可是，他們常常連小國家微不足道的事也連日刊載，所以，他們的國民對於世界各國的一切情形無不瞭若指掌。反過來說，我國電視、新聞雜誌的報導又如何呢？

國人傾向只報喜不報憂，只想接受令人愉快的消息，當然這是人之常情，但如果不知節制，一味地我行我素，很快就會趕到屋頂上的閣樓，然後把樓梯放下來，待你發現時，只能由屋頂筆直栽下去了。

登到高處可以使人開闊胸懷，對著深淵可以使人思慮深邃。路是你自己的，人生也是你自己的，一個富有創造力的人，絕不會被外在的環境所左右。

佛教常勸人不要妄想，並堅決地誡人們不可戴著有色眼鏡，誤把虛像當實像。如是可以看得出來，我們心中有一個真正的自己，我們必須以這真正自我的眼光，來看自己及四周的一切。

人生要面對現實，注重真實，做實際的事，必得成就。

105 投身其中積極學習

＊＊＊＊

直心為菩薩之淨土，眾生心清佛土隨之而清。

維摩經

＊＊＊＊

可能是現代的學生風氣如此，常見很多學生認為現在自己所修的科目，對自己無益、無關係或太難，毫無興趣等，以這些理由為由而不肯專心聽課或乾脆翹課，不管父母花了多少學費讓他們入學，或是他們好不容易才考上學校，一心只期望拿到畢業所需的學分，能夠順利畢業即於願足矣，如果無謂地在後園度過最美好、珍貴的青春時光，著實太可惜了。

多數學生無論在心理或生理各方面都未臻成熟，卻就此認定學科本身很無聊（當然也有無聊的科目，這是事實），因而塞住耳朵拒絕學習，這未免太令人無法領教。就算它真的很無聊，你也可以逆來順受，自動自發地尋求突破。

日蓮的《開目抄》中，就有一句「我身普合於經文」，顯然受教育不只是要學習所需的知識，還要積極投身其中，最重要的便是，要有渴望從中學習到一些東西的心情。

有些科目乍看之下無聊至極，其實只要稍安勿躁，靜靜地聽講，往往可以吸收到一些過去未曾在意到的內容。所以，如果你一直認為沒有必要去學習那些無聊的知識，而把自己關在自己的殼裏，自以為滿足，勢必根本無法進步，終至成為孤陋寡聞之人，豈不是和不知天下之大的井底蛙一樣。

這個世界正逐漸走向一個新的時代，在這樣的時代裏，你不可以把自己的想法硬塞給別人，而安居於自己閉鎖的殼裏。你必須伸出你的手，以富有彈性的心態處理變化無窮的四周狀況。

曾有位物理學家說過：「天下即是能使自身與研究對象合而為一，幾乎分不出你我的人。」不過，要進入「不入虎穴，焉得虎子」的境地而掌握對象，我們似乎必須無心，這不是指自己有顆易碎的心，而是意味著我們的心必須要有韌性。

凡夫俗子的我們，在資訊爆炸的現代裏，絕不可再把現有知識視極其當然的一切加以接受，或者現買現賣，你必得當做自己的知識，從中體驗並切身學習，免得變成電腦的替代物。

106 掌握整體的力量

✻✻✻✻

導人者教，通教者道。道無人則壅，教不演則廢。

空海．性靈集

✻✻✻✻

今天的社會隨科學、技術的進步與發展，各專門領域已更加被細分化，在這當中，個人從事自己專門領域內的研究工作，固然具有很大的意義，但結果卻往往因為本位主義作祟，終至失去專門領域的整體觀，也失去了與其他領域的連繫，這情形即如同「數樹而忘林」，很難有機性地再做整體統合。

譬如在醫學的領域內，臨牀醫學是由基礎醫學分出來的，臨牀醫學又分為內科、外科、耳鼻咽喉科、神經科、皮膚科、婦科、小兒科、牙科、眼科等，其中內科又分為消化系統科、呼吸系統科、循環系統科、泌尿系統科等，各自獨立。結果，一個醫生無法得到網羅整體的綜合知識，因為，他們只懂得自己的「專門領域」而已，所以導致一個醫生往往顧不了病人的結果。

《人間醫學》雜誌中有這麼一段趣談：

有個人因赤痢入院，數天後醫院通知家人已完全滅菌，要家人前去接病患回家。待家人趕到醫院去，見病人已變成屍體躺在那裏，嚇了一跳問：「這是怎麼回事？」主治醫生回答：「我使用強力的特效藥才消滅了他體內的赤痢菌。」換句話說，他的確把病治好了，但病人也因此一命嗚呼。這真是不好笑的笑話。

世上的人，平時不學一點醫學藥方，病了就把生命交給平庸的醫生治療，到了危急時只知抱怨運氣不好，這難道真算運氣不好嗎？

不論是那一門學問或職業，或多或少都進行了分工化，而且這種努力似乎永無止境。所以，人類開發出了到月球去的火箭、超音速噴射機，如核子彈那樣的文明利器等。

可是，我們固然製造出文明利器，卻忘了人類還要有操縱它、控制它的知識，也忘了人命的可貴，只一味埋首於學問或科學的發展，這著實不是好現象。

如是，我們應該較早發現技術的進步發展所帶來的弊害，不再只為了科技發展而奉獻自己，而要考慮到科技原是為了對人類生存有所貢獻而存在，以避免科技獨走歧路，待發現時已回天乏術而後悔莫及。

107 「我忘了」這句話在社會上已不通用

＊＊＊＊

吾亦老矣。風燭（註：老年人，指人生無常）未定，常思放生為急務。

隱元．末後事傳

＊＊＊＊

隨著世界的文明化，社會經濟機構也變得複雜化。在這之中，待人處世也需要很多的專門知識、時間與金錢，否則就趕不上時代。舉個例子，你想開辦一項事業，如果胡搞一通，很快政府、同業及鄰居都會紛紛找上門來，結果很可能立刻被迫停業。

換句話說，如果你要平安過關，首先要有法律的知識，接著以必要的文件，向有關機構提出申請，你要先獲得政府機構批准，並且在四周人同意之下，才能順利開辦一個事業。這是社會結構所致，如果你不願意花這些時間與金錢，便一件事也辦不了。假如你怕麻煩而地下化，遲早事業還是會受挫。

為辦理這些麻煩事的手續，首先出現的是，擁有專門知識的經營顧問、會計師及納稅代辦人等。當然，現代多的是事務機器，包括影印、電腦等，所以，也不一定要採取前述手段，當然也可以由自己親自去辦，但為了有效推進事業，前述服務業所被視為不可缺的手段而廣泛採用。

其實，現代人只要在家裏，不需要開辦什麼特殊的事業，只要你每年有固定的所得，就要申報所得稅。其次如買賣房子、土地等，也要處理有關事務，因而說什麼「那種麻煩事我不懂」，或一句「我忘了」，在這個社會上已行不通。為了做個堂堂正正的社會人而生存，你必得順利通過這樣的難關。

談到民主化，在結構上似乎需要有很多的時間、金錢與精神。獨自一人生活還有話說，但如果要和他人一起做事，便不允許你我行我素，你必須不斷協調，使雙方了解並表示同意，才能推進每一件事。

倘若你為所欲為，定會備受指責，或被扣上獨裁、叛逆的帽子，結果人人都會離你而去。而你也會為開會、連絡、業務手續等所追趕，忙得不可開交。

我們生活在一個複雜的社會中，你無法逃出這個社會，所以，你何不整理一下這些錯綜複雜的情況，使之簡單的，再加以改革改善，以期使社會上的每一份子，都能輕鬆愉快而簡單易懂地處理每一問題。

108 依序解決問題

****
心暗時則所遇悉禍，眼明時則途解皆寶。
空海．性靈集
****

當一團線纏在一起不知如何解開時，千萬不要慌張，你可以慢慢想出一個順序，再將線團依序解開，這樣會比較容易恢復原狀。可是，倘若你不理出個頭緒而急著亂解，往往會使得線纏得更緊，終至進退維谷。

同樣的道理，在我們的日常生活當中，多的是乍見難以解決的困難問題，但只要你耐心地思考其原理與方法，自然能依序一件件解決，而且可能順利得令你感到意外。如是，任何事情都有它的順序，由一而二，由二而三……依序落實地做下去，自然能夠達到目的。相對的，假如由一跳到五，回到二再跳到四、三，如此一來一往未免太麻煩也太複雜了。

至於如何才能順利地依序去做，這需要個人平時的經驗及知識來培養。在愈來愈複雜的日常生活中，我們經常不斷被迫下決心，但唯有懂得節省時間及勞力，並且能採取最有效處置方式的人，才能夠累積績效。

現代人多半被埋沒在無聊而末梢性的瑣事裏，反而忽略了許多非做不可的本質性必要事項，所以，我們應該培養能夠看清自己現在該做什麼的智慧。缺少了它，吃虧的一定是你。

要影響他人時，情況也是一樣。

一位畢業於美國一流大學，他在獲得學位後回國，希望在大學獲得一個教職，所以到大學去拜訪人事經辦人，對他們說：「我有如此這般的實績，希望貴校能聘用我。」

但是，時間一天天過去，各大學只回答考慮看看，卻始終沒有聘用通知給他，所以，他就不斷攻擊大學的閉鎖性及走後門作風。姑且不論他的看法是否正確，但是，他忽略了大學聘用教授的順序，而使用美國式的申請法，問題即在這兒。

各國有各國人的處理方式，如果你忽略了這一點，便無法順利地辦事。這一點讀者如欲到美國任職亦復相同，各位要懂得「入境隨俗」的道理，你必須看看當地或該國的實情，然後再考慮處理的順序。

109 多欲則受辱

＊＊＊＊

若貪著文字言句，名聞利養（名譽與利益），即非吾徒。

通幻・語錄

＊＊＊＊

常見一些人在短期間內以不正當手段，撈了一筆多達幾億幾千萬的橫財，或者獲得難以形容的權勢、地位等而沾沾自喜。

但是，這些人的末路必定是可憐兮兮的。的確，他們可能平步青雲一段時間，甚至所向無敵，可是，這種建立在他人不幸或詐欺來的幸運，絕不會維續長久，所賒的帳遲早總是要付清的。

從前有個巨賈，他所住的城鎮發生大火時，看出木材價格一定會高漲，於是他立刻到鄉下把木材全部買下來囤積，從中獲得了暴利。結果，僅僅幾年的時間，他就獲得了多達數百萬兩金子的橫財，因而成為知名巨賈。但是，他的事業是建立在別人的不幸上，如此賺來的錢，很快就被他揮霍掉，晚年，他依然死於貧困中。

自己不努力而大做黃金夢，急功好利，或者嘲笑一塊錢的人，遲早會為了一塊錢而哭泣。無論是詐欺的一方或受詐欺者，可說都是咎由自取。因為，無論是錢財、權勢或地位，都不是自己伸手能夠取得，而是上天賜予的，不懂得這個道理而多慾，必招致受辱的結果。佛教將這種情形稱為自業自得，並特別告誡信徒們。

看到最近股票暴跌暴漲的情形，而深覺投機可卑的人比比皆是。有人一下子投入數百萬元，在短期內便賺入五、六倍，但是，只要一次犯錯便悉數泡湯，這情形豈不如同走鋼索？

A先生被一位口齒伶俐的證券營業員說服，很衝動地買下了價值五、六百萬元的股票。這是一次幸運的交易，二、三天後股票一直上漲，使得A為之沾沾自喜，誰知很快股票又跌至谷底。這時，A聽信了那位營業員的甜言蜜語：「絕對還會再漲，相信我，再等一週！」真的足足等了一週，但是，股票依然一直下跌，使他終於想不開而脫手。結果，僅僅一個月內，他就賠了五、六十萬元。

在今天的社會上，拼命工作一天頂多只能獲得數千元的報酬，但是，有些人只要開口說一句話，便隨時可以動用幾千幾百萬元，這真是失常的現象，倘若這種生意大行其道，那麼，原本認真工作的人只怕再也無心認真地工作了。

110 要懂得感謝責罵自己的人

今日教你佛道修行是為證實萬法，出路言行一如，達超越領悟之境時，始得獲節眼之奧。

道元．正法眼藏

我們常為了一點錯誤而挨上司、父母責罵，因此感到萬分氣餒，喪失幹勁，心想「我為何如此糟糕」。最好不要失敗，但既然失敗了，事實即如覆水般難收，再後悔也沒用，所以一旦失敗，如果過失是自己造成的，就應該自我反省一下，想想自己為何會犯下這種錯誤，以後不再犯相同的錯誤。如是發憤向上才對。

當然，這樣的挫折不是好現象，也不是說因為有了失敗才成功。然而，能經過考驗而發憤振作，才是最了不起的地方。稍微挨罵或有不如意的跡象，便氣餒地斷定自己不行，甚至因而一輩子要過黑暗的人生，豈不是大傻瓜？

再者，只為一點小事受到指責或挨罵，就覺得很不高興，或者忍不下一口氣，於是找比自己弱小的人，當出氣筒，把一切的不滿不平都往對方身上發洩。例如，偶爾挨總裁責罵的總經理，就把這股窩囊氣往經理身上發洩，經理找課長，課長找課長，課長找普通職員，職員找家中的妻子，妻子找小孩，小孩找更小的孩子——最吃虧的該是小孩，如此依序引起連瑣反應。

本來受了一、二句數落的話時，就應該確認內容如何，假如錯在自己，便改過不再犯錯，同時還要感謝對方有愛心才對。如果你在這時反而怨恨對方，還去找出氣筒發洩自己的怨氣，這種作為方式豈不無異於毫無氣量的小人。

我們面對討厭的事情時，就應該認定是上天在考驗自己，這是一種恩寵，倘若你一挨打便氣餒，或找他人發洩，這都不是正當之舉，你應懂得轉禍為福，將之視為鍛鍊自己的精神糧食及經驗。

富蘭克林曾說：「經驗是個寶貴的學校，但是，愚昧的人卻不會利用它。」

每一個人都有一些寶貴的經驗，縱然經驗中有好的也有不好的，然而這些都讓我們成長了。

唐．孟郊《贈韓郎中愈二首》說：「何以保貞堅，贈君青松色。」意指，要永保自己堅貞的節貞，就要向經得住嚴寒考驗的青松學習。

111 人的一生沒有引薦信函

菩提本無樹，明鏡亦非台。本來無一物，何處惹塵埃。

慧能．六祖壇經

戰後，自由平等與機會均等叫嚷的十分高昂，因而任何人不分上下都忙著選職業，大家愛如何做便如何做，真是十分可喜的現象。可是，總覺得大家對於自己的作為缺乏自信與榮譽感。

當我們問他人「你的職業」、「你的宗教信仰是什麼」時，究竟有多少人能坦率地直接回答呢？深感懷疑。為什麼對於自己國家的文化、宗教、自己所居住的市鎮、所從事的職業等，無法產生榮譽感呢？

有的人總是瞧不起無名小卒，或嘲笑他人的缺點與無能，或多方輕視他人，但這種人是否如此即比他人了不起呢？

依靠自己的頭銜、錢財、勢力、容貌或家世而得意洋洋，沈溺在優越感中，實際上，這只不過是自卑感的表裡二面而已。他把自己擁有物的了不起，與自己的了不起混為一談了。

用投機取巧的手段，是無法建立自己聲譽的。憑著自己的所有物而誇耀的人，當他失去所有物時，相信最覺得悲慘的便是他本人。

德國哲學家費希特（Johann Gottlieb Fichte, 1762~1814）還默默無名時，有一天去拜訪康德，不意被這位哲學大師嗤之以鼻。

結果，他發憤寫了一部堂皇的巨著《啟示批判論》，將之當作自己的推薦書送到康德那裏。據說，康德拜讀之後深感佩服，立刻鄭重招待費希特。

在我們的人生當中，根本沒有所謂的介紹信或引薦書，你可以拿自己的姓名、家世、身份、地位或頭銜到處去炫耀，但這只是虛榮心的表現而已。自己的實力不應由自己來肯定，必須由他人來認可，才能說是真正的實力。

是故，讓我們每個人都赤裸裸地回到初生時的一無所有吧！以充滿自信和榮譽感的態度從事自己的工作，唯自己的工作成果獲得他人的認同，我們才能算是一個真正具有價值的人。

112 「身體中位於最上方的是什麼」

＊＊＊＊

欲用即用，切勿遲疑。

臨濟・臨濟錄

＊＊＊＊

假如他人問你：「你身體中位於最上方的是什麼？」你會如何回答呢？也許你會回答腦袋或頭髮，但如果對方進一步問：「在那裏？用你的手指指看！」當你指著自己的腦袋時，對方可能會回答：「我總覺得你的手指在最上方。」

如是，用手指指著實際存在之物，說一聲「那就是」之時，或者以語言說明的霎那，該實存之物已不再是實體了。

禪語將之喻成：「百尺竿頭須進步，十力世界現全身。」（無門關）意思是我們可以坐在百尺竿頭，相信人世間的一切都是真實的，但是，我們仍應百尺竿頭更進一步，跳入真實世界掌握真實。

我們都知道，無論對方說了多少次「我愛你」，或「我會親切地照顧你」，也勝不過實際的愛與親切的照顧。你可能是脫口說出，此乃誰都會，就像前述的手指頭，你只不過是用手指指了指而已，那是「說來容易做來難」，所以，該做的事不必一味在口頭上說「我要做」，你應該付諸實行，而且立刻去做。

在東京郊外的平林寺有位高僧，人們為他取了個綽號叫「雷和尚」，他是個傑出的僧侶。

有一天，一名武士來到寺中要求見這位和尚。他一進入房間即問：

「你到底在此地做什麼？」

和尚突然要武士立刻出去。

武士一怒，便手按著刀站起來想砍死和尚，不意卻踢翻了一名小和尚送來給他喝的茶，結果杯中茶全部灑倒在地上。

「到底你現在在幹什麼？」和尚刻不容緩地問。

那武士氣得發抖，但是卻窮於回答。和尚見他難以答話，便說：

「踢翻了茶就該擦乾淨。」

於是以手中抹布拭淨地面。武士覺得錯在自己而深以為恥，便狼狽不堪地退出。

113 掉以輕心便下不了樓梯

＊＊＊＊
一切的迷惘，皆來自我是的迷惘，故唯有棄私利，一切迷惘自消失無蹤。盤珪禪師．御示聞書
＊＊＊＊

當我們功成名就，或所從事的事業開始上軌道時，難免就會放下心來。而曾幾何時，傲慢之心已然抬頭，變得過分相信自己的才能，全然忘了自己的今日成就，便是依靠四周人的協助所致。

尤其是白手起家的公司老闆，多的是充滿自信與自負的人，將自己視為獨一無二，不肯聽他人意見，經常一意孤行，以高傲的態度向部屬說：「不用多說，默默地跟來就是了。」在這種專制獨裁的統治下，一切行政指令都是單行道式的上意下達，誰敢勸或忠告老闆，勢必遭到左遷，唯有能夠討老闆歡心，盡其奉承能事的人才會受到優遇。

如此，有心的部屬就會失去幹勁，認為不做不錯，多做多錯，因而不知不覺間人心便逐次憤離，最後老闆只得孤獨地一手支撐公司的一切，待他有所警覺時，往

往公司已陷入進退維谷的僵局中。

日本遭受戰敗的打擊，但戰後經過不到幾年，便擠身於經濟大國之列，同時，大部分的人也都能過著物質豐裕的生活。

當然，日本能夠由戰敗國敗部復活，難免會有獨立國家一份子的驕傲與矜持，但是，這種事原本就過猶不及，倘若演變成傲慢不遜或沈溺於享受，當然會有問題。終究驕者必敗，你一定會受到反擊，在國際化的時代，你務必要與任何國家保持友好關係，國家才有存在的可能。像現今國家面臨危機，我們的生活也不甚如意的今天，更是一刻也不可掉以輕心，而應該在言行上節制、謙虛。

禪語「腳下照顧」，意思是名副其實好好看自己腳邊，也即是要以謙虛的心情反省一下「自己到底算什麼」，或「自己現在到底想幹什麼」。

稍微好運當頭便急著揚眉吐氣，產生傲慢心，忘了自己是何許人，這也是凡夫俗子的常情。問題是這種人最容易不分青紅皂白地一口氣跑上樓，自以為一切安泰，結果就在掉以輕心之時下不了樓，終於倒栽蔥般地跌落地上。要避免這種情形發生，我們應該平時即謙虛地看看腳下。

114 不拘泥於細節

＊＊＊＊依據詮釋，大方唸佛為第一。

法然．與明遍的問答＊＊＊＊

常見標榜完美主義之人，這種人凡事都必須做得徹底，直到自以為完美為止。如此做事謹慎固然不錯，但過猶不及，因為拘泥於細節有時會顯得囉嗦不堪，繼之使四周人感到焦急。

假如不會拖累他人，你要如何做都可以，但是，這種人往往覺得看不慣他人的作為，因而老是多管閒事。

B先生便是這種人，凡是他人打掃或清洗過的地方總是看不順眼，說是「不乾淨」便重新來過，而且他總是特地在別人面前如此做，並且露出極其當然的表情。

別人不修邊幅固然有問題，但事事介意便無法共同生活，事情總有個限度，如果超越了這個限度，雙方都不得心安。

這就如同小提琴的琴絃，張得太緊會一下子繃斷，但如果繃得太鬆，便奏不出完美的音樂，唯有在繃得鬆緊恰到好處時，才會出現最美的樂聲。

從前大山巖元帥被孫子問及：「統率部下的秘訣是什麼？」時，他回答：「明知而故意裝著不知道。」這絕非意味著任何事一概不管，而是要掌握重要部分，至於細節則不必管。

希臘哲學大師蘇格拉底以為人寬大而著名，相反的其妻克珊其佩則恰巧相反，經常表現出旁若無人的行徑，使得蘇格拉底深以為苦。

有一天，克珊其佩又向丈夫嘮叨不停，想要殺蘇格拉底的威風，但蘇格拉底不論妻子如何說都不予理會，只是在一旁笑著。克珊其佩看在心裏更是憤怒，便跑到水井裏挑一桶水來，從蘇格拉底頭上淋下去。但是，蘇格拉底依然微笑著，絲毫不動怒，且若無其事地自語道：「雷鳴之後必有陣雨。」

一次，有位朋友問蘇格拉底：「你為何會娶那種一張嘴從不饒人的女子為妻呢？」據說，蘇格拉底回答：「找一匹野馬好好鍛鍊騎術，以後遇到再難馴的野馬，就不會感到困擾了。相同的道理，只要能完全馴服那名女子，以後遇到再刁鑽難纏的人，應該都能輕鬆地駕馭自如了。」

115 胸中自有用不盡的瑰寶

✻✻✻✻

多欲之人多求利，故痛苦也多。少欲之人無所求，故無欲亦無憂。

遺教經

✻✻✻✻

當報紙發表全國高所得的排行榜，於是一般市民看到報紙上所列名人的平時收入金額，再看看自己的口袋著實裝得太少，更是深感自卑，有時連家人也會責難：「爸爸賺得太少了。」彷彿受到全世界的輕視。

假如我們一律以金錢的多寡來估量一個人的價值，將來的世界會變成如何呢？南北朝時代有位著名的僧侶，曾發生這麼一個趣談。

當他遊學到各國去時，有天走在山路裏，天漸漸黑了，恰巧遇見一名男子親切地向他搭訕：「今晚就住在我家裏吧！」

他心想恭敬不如從命，便答應在對方家中投宿一夜。深夜裏，禪師正在房中坐禪，突然有人攝手攝腳地走近，並悄悄打開門。禪師突地大喝一聲「誰」，隨即發現來人是個覆著頭巾的男子，經他一喝，已心虛地跌坐在地上。

禪師下令：「把頭巾拿掉。」去掉頭巾一看，原來正是邀他來宿的當家主人。

「哇，原來你是個強盜。」

「是的。」

「原來如此。貧僧以為你好心留我住宿，不意目的竟是搶劫貧僧。貧僧問你，你幹一次可以享樂多久？」

「要看收穫多少而定，不過總不會維持太久。」

「這應該可以想像。如果想放手去幹，何不大大撈它一票呢？」

「哇，原來你也是強盜，難為你的肚量如此大，你一定是只幹大買賣囉？」

「是的，我要得到的是如何用也用不完的寶貝。」

「真有這種寶貝，太棒了。」

「你要不要？它就在那裏？要不要告訴你？」說著，禪師便一把抓住對方的胸部，大聲說：「這裏！就在這裏！你的瑰寶如何也用不完，而它就在這兒！你等於是入寶山空手而回，寧願墮落為強梁，糟蹋自己的一生。你知錯嗎？」

這個故事應該說給只為了些許錢財，便毀了自己一生的人聽。

116 批判人者人亦批判之

＊＊＊＊＊＊＊＊＊

火宅（註：充滿煩惱與痛苦的世界）乃無常世界，萬事無不空虛，虛有其表，唯唸佛是真。

親鸞・歎異抄

＊＊＊＊＊＊＊＊＊

德國文學家以《緬甸的豎琴》一書聞名的竹山道雄先生，曾經觀察在二次世界大戰前期及中期，納粹如何殺害猶太人，以及大戰後風行一時的馬克斯主義，如何將人們劃分成善、惡或敵我雙方的對立，並使之陷入混亂的可怕情況，他所獲得的結論是，究其因素是宗教信仰，當中尤其以基督教的存在影響最大。

換言之，基督教將所有的人一分為二，一方是上帝的選民，另一方則是上帝的叛徒，這是一種逼迫人做抉擇的宗教，認為信仰上帝者可得永生，背離上帝者則墜入地獄。上帝是唯一而絕對的，每個信徒要向把上帝的話帶到世上來的耶穌基督告白。耶穌在約翰福音中說：「我坦誠告訴你們，你要聽我的話，相信派我來的人，才能獲得永生，不必接受審判，由死亡復活，進入永生的世界來。」

的確，說上帝之愛，勸大家像上帝一樣愛世人，互相以愛實踐教義，這種宗教實在了不起。他們在這個宗教名譽下，確實輝煌地綻放出文化的花朵來，但是，他們走錯了一步，因為他們的教義認定基督教是唯一而絕對的，所以，凡是不相信它的人都有遭受敵視的危險。

這個世界上的事一律是相對的，無一絕對，雖然相信耶穌基督是上帝之子，而期望同享永生的信徒而言，上帝是絕對的，但如欲將之視為因果而拿來適應所有的人類，則未免太過於勉強。世界上的一切宗教，可說都是人類自己造就的，大家都是凡夫俗子，所以，除非人人都能徹底覺悟，自覺有多麼愚蠢。否則無法得救。

日本明治時代的名僧七里恒順如是說——

「無論你如何倒開水或倒茶，如果把碗杯覆蓋著，自然無法把水倒進去。如果要倒入茶水，碗杯必須要翻過來向上，茶水才能倒入。無論你聽過多少次傳道，倘若你的心碗始終覆蓋著，則法水便無法倒入。覆蓋著的心碗，表示那是一顆邪惡、驕傲的心，將心碗翻過來向上，表示我身空虛，需要信仰佛教之謂。」

當我們站在神的一側審判他人時，我們自身也受到了審判。

117 錢財要使用才有價值

醫王眼中途中所遇皆是藥，解實（註：領悟）之人視礦石為寶。知與不知為誰之過。

空海·般若心經秘鍵

醫王是指專治人間迷惘和疾病的佛陀，在他眼中，一切事物都如同藥材或實物。佛教有句話是「一水四見」，意思是同樣為水，魚當它是家，餓鬼視為血，天人視為琉璃，人則視為水。

作家吉川英治說：「我以外的人都是老師。」他遇到任何人都謙虛地傾聽對方所言，從中多方學習。

像他們這種有眼光的人，當然可以從一切事物找出其價值，但身為凡夫俗子的我們，無論邂逅了多麼了不起的事物，往往也是如同對牛彈琴般不管用。

外物的價值並非客觀的存在，即使一個人擁有多麼堂皇的地位或財產，其價值一律是相對性的。

既然價值是我們自己定的，那些沒有金錢交換價值的事物，說不定也具有對我們更重要的意義。

《伊索寓言》中有一段是寫一名守財奴，經過長年的歲月儲存了很多錢，不料他自以為是僅次於自己生命的這些金幣卻被偷了。

他把金幣裝在一只箱中埋在院子裏的一角，然後每天早晚偷偷去檢查一下，看看燦爛的金黃色光芒，便自語「有、有、在這裏」，為此沾沾自喜。

不料，他的傭人在探知內情以後，便連夜把箱子偷走，並逃亡到外鄉去。第二天早晨發現出事時，守財奴嚇了一跳便大聲哭起來，鄰居們都跑來問，他說重要的金幣被偷了，一個鄰居便勸告他：

「你何必這麼悲傷呢？你不妨在箱子裏裝磚瓦埋入洞中當金幣，一樣可以讓自己高興呀！因為你只是把金幣藏起來不用，這樣磚瓦和金幣又有什麼不同呢？」

這個故事的構想，是來自金錢要加以使用才具有意義，如果呆板地將之藏起來，則何異於普通的磚瓦？不過，事實固然如此，一般凡夫俗子卻都能從收藏中找出喜悅，這也算是人情之常。

118 人如何安心瞑目

✻✻✻✻

使得生不得生，便得死不得死。莫徒愛人生，莫枉懼死亡。

道元．正法眼藏

✻✻✻✻

日前有個議論紛紛的問題，即醫生是否該向絕症病患說：「你已得了癌症！」或謂此事端看對象而定。問題在他獲得真相以後如何度過殘年，有的人在獲知真相以後便覺悟了，因而重新過充實的餘生。但是，也有人相反地完全喪失意志力而不知所措。陷入半痴狂狀態中。

然而，眼見對方日益衰弱下去，病痛有增無減，一刻刻接近死亡，對於這樣的病人，你如何向他開口說：「你再活不久，放心死吧！」

對於病況惡化的人，直到最後斷氣的一瞬為止，宜鼓勵他「你的病一定會好，振作起來吧」，多勉勵他，這是仁醫的任務，因為對一個醫生來說，能見病患充滿感謝放心地斷氣。應該說也是功德一件。

假如面對失去最心愛之人，而正在遺體面前做最後訣別的家人或近親時說：

「人死後什麼都不會留下，經過火葬後，也只不過剩下骨灰一堆而已！」結果會如何呢？難道這種無血無淚的自然科學或說明，就能使得關係者心安理得嗎？

其實，如果你能表示：「他已經復活於美麗的極樂世界，你如此悲傷他絕不會高興的。」

當然，如果你想哭就盡情哭吧！倘若這樣可讓自己心情好些，哭一下也好！」相信其未亡親友都會感到莫大安慰。如某人所言：「以人生為問題時，我們還能以知識解決，但是，當人生本身成為問題時，知識便解決不了了。」

不論你平時多麼有修養，信仰心篤厚，也不能因而免去身體上的疼痛，說不定還會因疼痛難耐而在牀上翻滾吼叫。

名僧良寬在晚年為病魔所襲，臨終時即因痛苦難耐而不斷呻吟，與他長年相伴的女尼便問：「像你這般修行有道之人，還會那般痛苦嗎？」結果良寬喘了口氣，留下一句辭世名言──「露出裏側，露出表面，花開花落皆為楓。」

笛卡兒也說過：「人有病要徹底以科學方法治療，可是在科學上已判定為絕症時，就應該努力使他能夠安心地死去。」

119 自我評定自己的一生

即使我不如法然聖人，唸佛之後仍掉入地獄，亦萬萬無後悔之念。

親鸞．歎異抄

人們常說「蓋棺論定」，但這是他人的批評，不是自己的批評。在每人的一生當中，他人的批評固然很重要，然而，自身在意識清晰時的自我評論，看自己度過的一生如何也是很重要的。

《想不到這就是我的一生》一書中，有名男子，他在自殺之前寫給朋友的信，信中寫著：「我在臨死時會想些什麼呢。如果臨死時所想的都是過去背叛的事實，必定會對從前生活的意義起疑……」倘若你對於自己到目前為止的所作所為，都只是一連串的懊悔，你還有生存的意義嗎？

即使你存了再多的錢財，權大勢大，或者妻賢子孝，福祿雙全，倘若心中沒有應有的滿足感和感謝心理，誤以為世間還有更美好的事物，則如同經常在覓食的狗、貓一般，一生只是在無限的不安中草草結束。

你能否在到達人生的終站時，回顧過去自己走過的路，心滿意足地想著：「我能夠活這麼一輩子真不錯！」對四周的人也心懷感謝之心：「謝謝你們多方照顧我！」如此了結一生呢？假如不能，你在來世還是會想「到底我這一生算什麼」而後悔莫及。

法國哲學家西蒙・維耶說過：「我們體內有並非賜予，而必須交給他人的重要寄存物。」我不敢說自己體內也有這種東西，但是，我總覺得自己身邊多的是在有生之日可傳給他人而後已的事物，倘若這種感受得以實現，勢必死也瞑目。

像我這種人，或許死了也沒有幾人會感到哀傷，因為我沒有做過任何大事業，所以頂多人們會提到一、二次「嘿，那傢伙也死了」，就此被遺忘。雖然我是這般渺小，但是，我依然盼望著「假如能多活幾年，我真想做完自己想做的事再死」。當然這是一廂情願的想法。

每一個今天都是難能可貴的，尤其有幸能夠出生於這個世界上，這是無以比美的。倘若我們能夠不耽溺於有生的喜悅，而坦然迎接最後一刻。能夠回顧整個人生而靜靜地面露微笑，人生便是完美的。

120 做個能看清本質的人

＊＊＊＊ 身財由於藏財‧身財第一優於心財‧ 日蓮‧崇峻天皇御書 ＊＊＊＊

在資源缺乏的國內，今後產業的活性化，端看是否能培養出良好人才而定。

到目前為止的教育，重點都放在「能」而不是「懂」，所以，都專心一意地做技能訓練，灌輸知識。所謂的「能」，就是能驅使其知識及技能，解開難解的方程式，堪稱為擅長計算的能幹人才。可是在機械的自動化更上層樓以後，這種人可能只有被炒魷魚的末路可走。

換言之，作為生活的手段，固然需要成為一個「能人」，但也不可就此停留，還得進一步成為懂得社會百態及事物本質的「懂的人」。不過，這並不表示要成為毫無個性的人，或是要成為具有某種特殊能力的人，而是要成為一個有自覺的人。

英國的威靈頓曾一語道破一個事實——沒有宗教心的教育，只會教出有知識的魔鬼。所以自今而後，我們必須如「身財由於藏財。身財第一優於心財」這句話般，要懂得充分分辨自己的立場與能力，並活用自己的特性以貢獻社會，如此才能成為一個心胸寬闊的人。

要成為一個有自覺之人，並非指能夠將現有實際當做知識接受，或是將它記憶下來，而是指能夠自己看清事實的本質，並多方思考之人。為此，便需要有能夠集中精神觀察事實的銳利眼光及心胸。

如坐禪、冥想、唸佛時，都是達此境界的手段，如果你只是呆坐在被派任給自己的工作及一切之上，進而陶醉其中，當然不會有任何自覺。

大致說來，國人相當善於模仿，又有精巧的手藝，但是，如此說也等於表示國人不肯思考、不肯努力，一向只知道搜刮他人的成果為已物，再加入一些表面工夫而已，不算是創造。無論是汽車或電腦，一切尖端科技都是先由歐美各先進國家開發，所以如今無論是技術或造型，我們的產品都只是二手貨而已。如此一來，外國人當然無法尊敬你，也不會真誠地與你來往。

從今以後，我們必得要求自己成為一個有個性的人，同時，在生活上必須具有創造性，創造出只有你一個人才能想到的生活方式。

121 再遠大的理想也要由一步步努力開始

要越過一丈寬的水溝，需自勉能越過一丈五。我們必須以堅決的信念相勉，以期往生。

法然．勅修御傳

說起來人心非常奇怪，以工作一小時的心情工作一小時，和以工作一小時半的心情工作一小時完全不同；倘若你一開始即預備工作一個半小時，而你在一小時就把工作做完了，你會覺得好像賺了半個小時，內心充滿餘裕之感。

耶穌基督說過：「假如他人強迫你走一英哩路，你就和他一起走二英哩。」這種心理似乎是萬國共通的。

這個道理也可多方運用。假定你有十分的實力，卻只發揮七分，或者你只有七分的實力，卻發揮到十分，二者看來不止天壤之別。

因為，常懷著充裕的實力從事工作，當事者心中也會有餘裕感，同時四周的人也會羨慕你，說你「了不起」。

據說想要往生淨土的人，根本不必迷惑是否能達成心願，只要你確信自己可以往生而唸佛，就必定可以獲得往生。所以，只要你以「渴望早得往生的心情唸佛」即可。

說到「心裏想可以即可以，心想不可即不可」的實例，可謂不勝枚舉。例如第一個設計橫跨大西洋海底電線的C．W．費爾德，當時有很多人認為他這個設置計劃不合理，但是，他高叫了一聲「我能做到」，結果，他果真實現了自己的計劃。

其次是那個橫跨北美洲大陸的氣球旅行，在眾人都認為不可能時，一個叫做T．巴尼斯的年輕人說「我能做到」，結果，他終於以成功的飛翔證實了自己的信念。

他們有確切的信心，深信「不是不能而是不做」，所以默默地耕耘以研究突破的方法，結果終得實現夢想。

當然，被大多數人認為是「無謀之舉」的上述企圖，也不是一下子即實現的，截至最後的成功為止，他們首先面對的乃是無數的挫折與失敗，但任何困難都擊敗不了他們，終至完成理想。

美國著名的著述家E．塞班華德，每次要寫大部著作時，一想到有那麼多的份量便覺得很痛苦，但是，他總是努力使自己只想著下一章的下一節，如此經過整整六個月，專心一意地完成每一節，曾幾何時一部大著便這般完成了。

日本哲學家末川博曾經說道：「理想要高，姿勢要低。」可見理想再高也無所謂，即使它不可能實現也不會賠本，你又何必耿耿於懷呢？不過，一旦你把遠大的理想標榜出來了，就要步步為營地努力以赴才是。

佛說：「修行應當日常化，要從點滴開始。」千里遠的路程，始於足下，很多的小事只要你為之，便可成就大事，任何事務都要經過逐漸積累的過程，在事物的背後，都有著無數個點滴的積累。

人生道路上的負重，一定要拿得起放得下。在生活中，我們總是善於展現自己最美好的一面，生活本來就是五味俱全，不要太在意自己的平凡。佛說：「善事易為，惡事難成。」走自己的路，一步步的努力。

大展好書　好書大展
品嘗好書　冠群可期

大展好書　好書大展
品嘗好書　冠群可期